美人の正体

WHY CAN THE BEAUTY TAKE IT ALL?

外見的魅力をめぐる心理学

越智啓太
Keita Ochi

実務教育出版

はじめに

なぜ恋愛研究なのか?

私が心理学を学び始めてからずっと、本職の研究分野と同様に興味関心を持っている心理学の分野があります。いや、本当のことをいうと本職の分野よりもずっと強い興味がある分野だといっても過言ではありません。それは恋愛に関する心理学です。そもそも心理学を学んだ一つの理由は、不可思議な「おんなごころ」というやつを少しでも解明してモテるようになりたいということがあったのも事実ですし、日々、大学生と話す中で多くの学生が恋愛問題にいろんな意味で悩まされていることを感じているからです。

そこで、「社会心理学」などの授業でも、他のテーマ以上にこの恋愛の問題を重点的に取り扱うことになってしまいました。結果として、私のゼミの卒業論文はだいたい半分くらいが恋愛関係の心理学に関連するものとなっています。今回、私が授業でとりわけ熱く語っているこの恋愛の心理学について書いてみないかという話をいただき、とくに外見的な魅力の研究を中心として、まとめてみることにしました。

恋愛なんて研究する価値はない？

さて、いろいろな集まりで「恋愛について研究している」と言うと、たいてい相手はにやにやしながら「面白そうですね。私もそんな研究がしてみたいものです」などと答えるものなのですが、実際には相手はちょっと馬鹿にしたような感じで答えているのも事実です。

世の中には、たとえば、クォークのような物質の基本要素を探している物理学者や、胃がんのメカニズムを解明し、それを治すために日夜奮闘している医学者など、社会にものすごく役に立つ重要な研究をしている人がたくさんいるにもかかわらず、こいつは恋愛などというどうでもよいお遊びのような研究をしているんだ、研究者としての価値は低いな、といった相手の考えが聞こえてくるようです（まれに実際に聞こえます）。

恋愛心理学を本格的に始めた心理学者の一人である社会心理学者のエレイン・ハットフィールドは、１９７５年に全米科学財団から8万４０００ドルの研究助成金を受けましたが、ウィスコンシン州選出の上院議員であるウィリアム・プロクスマイアは、こんなくだらない研究に資金を提供するなどとはけしからんといってこの研究資金に反対する運動を始め、実際ハットフィールドは研究費を失ってしまうという事件も起きたことがあります。

このような考えは、政治家や心理学以外の研究者だけでなく、恋愛を科学的に研究すべき立場である心理学者自身もじつは思っていたことなのです。恋愛以外の心理学的問題、精神疾患や発達障害、学校教育やいじめ問題、組織のマネジメントやリーダーシップなど、社会に役に立ちそうで「重要な」研究に比べれば、恋愛の研究など、重要でないし取り上げる価値はないものだと比較的最近まで考えられていたのです。

恋愛研究はとても重要

しかし、実際には恋愛研究はものすごく重要な研究分野なのです。我々は一生涯恋愛を続けます。初恋は幼稚園のときという人は多いですし、驚いたことに高齢者ホームでの恋愛トラブルは日常茶飯事です。とくに思春期では生活のかなりの部分は恋愛思考（場合によってはあこがれ的な恋愛妄想かもしれませんが）で占められています。電車の中の女子学生、男子学生の話を聞いてみると、勉強の話よりもはるかに恋愛の話が多いことがわかります。また、小説や映画、演劇のほとんどがその主題の中に恋愛が含まれています。自我々の悩みの多くは恋愛に関するものですし、また、恋愛は人を殺すことがあります。自殺の原因の中には失恋や三角関係の悩みは昔から多かったですし、殺人事件も恋愛トラブルがその主要な原因の一つです。もしかしたら、胃がんで死ぬ人よりも恋愛で死ぬ人のほうが多いかもしれません。

このように我々の人生の多くの時間が費やされる恋愛、そして命を奪うことまである恋愛について科学的に研究しなくていいわけはありません。そして、恋愛についての我々の疑問や問題を解き、悩みを解決し、恋愛スキルを向上させて人生をより豊かにしていく必要があるのです。

恋愛研究の中の美人・ハンサム研究

本書が主に扱うのは、恋愛研究の中でとくに外見的な魅力についての研究です。いってみればこれは「美人とは何か、ハンサムとは何か」というテーマです。この種の研究は恋愛研究の中でもさらに日陰者の存在でした。そんなテーマは「高尚な学問」である心理学の分野としては「えげつなさすぎる」と思われたのかもしれません。実際問題として、人に関する印象がどのように形成されるかの研究は、「温かい人」とか「知的な人」と言われた場合、相手の印象はどのように変わるのかという人格形容語についての研究が長い間主流でした。しかし、じつは、外見が他人の印象形成に与える影響は、きわめて大きいのです。そして、恋愛の悩みの多くも実際には外見の悩みであることが多いのです。そのため、そもそも対人印象形成の研究において、外見を無視していてはお話にならないのです。このことが意識されて外見的魅力の研究が本格化し始めたのは、１９９０年代に入ってからです。

本書ではこの非常に新しい研究分野でいったい何がわかっているのか、わかっていないのかについて詳しく見ていきたいと思います。少しでもみなさんに楽しんでいただける本ができたのなら幸いだと思っております。

美人の正体　目次

第2章 美人は性格が良いのか悪いのか …… 035

第3章　美人は頭が良いのか悪いのか　055

第5章 スーパー平均顔よりも美人な顔とは……103

第7章 魅力ある男性とは何か

第8章 マッチョで男らしい男がモテる条件

第9章 なぜ恋人同士は似ているのか

装丁●重原隆
本文デザイン・ＤＴＰ●新田由起子（ムーブ）
本文イラスト●撫子凛

第1章

恋愛において外見は
どのくらい重要なのか

01

顔と性格はどちらが重要か

本当に「人は性格」なのか

恋愛に関する悩みには本当にさまざまなものがあります。「どのように告白をすればよいのか」とか「彼（彼女）の気持ちがわからない」などです。その中で、恋愛の入口の部分でとても大きな悩みとして存在するのが外見についての悩みです。なぜ私は鼻が低いのだろう、なぜ一重まぶたなのだろう、なぜ僕はこんなに額が広いのだろう、など外見に対する悩みは世間にあふれています。大変なお金をかけて整形手術をする人も少なくないし、このような外見上のささいな部分を修正したり目立たなくしたりするための各種技術は一大産業を形成しています。

ところが、テレビや雑誌の取材で、タレントや有名人が「好きなタイプはどういう人ですか」などと質問されると、「私は顔で選びます」などと言う人はほとんどいません。ほぼ例外なく彼らは「外見はあまり関係ない、問題は性格」と言っています。もしそうだとすれば、外見に関しては全然悩む必要はないということになります。なぜかといえば、性格さえ良ければ外見は関係ないから。ところが、こんな発言がなされていても人は外見を極端かつ過度に気にします。なぜなのでしょうか。口では「人は性格」などと言っていても、じつは「人は外見」で判断されているのではないでしょうか？

「顔か性格か」問題の答えをどう出すか

では、この問題を学問的にどのように検討していけばよいでしょうか。心理学ではしばしば質問紙調査というアンケートによって、人々の態度や意見を収集するということが行われます。とするとこの問題に関しても、質問紙調査をやってみればいいのではないかと考えられます。つまり、多くの人に「あなたは交際相手を選択するとき顔で選びますか、それとも性格を重視しますか」ということを聞いてみればよいのです。ついでにどのくらいの割合で顔を重視するかも評定させてみればよいかもしれません。

しかしながら、この方法で「顔か性格か」という問題に答えを出すことは、じつはできません。そもそも現代社会には「人は見かけによらない」とか「外見で人を判断してはいけない」という暗黙の規範があり、外見を重視することを公言することが許されない風潮

1 2 3 4 5 6 7 8 9 10

があります。そのため、このような調査を行ってみると「実際には私は顔が第一だが、そんなことを書くとまずいから、とりあえず性格と書いておけ」という人が現れる可能性があります。これでは真実がわかりません。

また、じつは人間は自分が行っている行動の原因を本当に知っているわけではありません。したがって、実際には顔で選んでいても、自分自身では「私は顔で選んだのではない、性格で選んだのだ」と誤って思い込んでしまっている可能性があるのです。では、この問題をどのように明らかにしていけばよいのでしょうか。

ウォルスターらのコンピューターデート実験

じつはもっとも良い方法は「やってみる」ということです。具体的にいえば、恋人のいない男女をたくさん引き合わせ、カップルを作ってデートさせ、誰がモテるのかを検討すればいいのです。ここで、「性格が良い」人がモテれば、多くの人が言うように、やはり交際相手の選択においては性格が重要だということになります。しかし、もし「顔の良い人」がモテるのであれば、残念ながらやはり、外見の魅力が大きいということになります。

この実験を初めて行ったのは、ミネソタ大学の研究者であるウォルスターら（196

6）です。彼女らは、大学の初年度の学生向けに行った「出会い系」パーティーを使ってこの実験を行うことにしました。アメリカの大学は、広大な敷地を持っていて大学自体が一つの街になっているという場合が少なくありません。学生たちは、州のいろんな場所やアメリカ全土、全世界からその大学の街に移り住んで大学時代を過ごすことになります。そのため、多くの人が高校のときのボーイフレンド、ガールフレンドと別れてフリーの状態で来ているので、新入生にとってはこういうパーティーは非常に魅力的な催しです。

この「出会い系」パーティーに参加した参加者が実験台になります。彼らは「このパーティーでは、コンピューターがあなたに最適なパートナーを探してくれます」という名目で集められました。参加者が受付に行くとまず、性格検査を受けさせられます。この性格検査によって、最適なパートナーが選択されるという建前だからです。ここでは、参加者の内向性や社会的関係性、男らしさ、女らしさなどの性格特性が測定されました。その後、参加者は「コンピューターが選んだ最適なパートナー」を紹介されます。この実験ではじつはパートナーはコンピューターが選んだ最適な人ではなく、ランダムに組み合わされていました。ただし、身長だけは男性のほうが女性よりも高くなるように調整されていました。

1
2
3
4
5
6
7
8
9
10

そして参加者は2人でペアになって2時間半ほどのパーティーに参加することになります。パーティーを楽しんだ後、参加者は個別に呼び出され、このときパートナーになった相手と「もう一度デートしたいか」について実験者から尋ねられました。

この実験で何がわかるのでしょうか。この結果を使用すると、「参加者の性格」と「参加者がどのくらいもう一度デートしたいと思われたか」、つまり「モテ度」の関係を明らかにすることができます。参加者の性格はパーティーの前に測定されていますし、パーティー後には、すべての参加者がもう一度デートしたいかを尋ねられていますので、その関係を見ればよいわけです。また、これは大学で行われた実験なので、入試のときの成績や普段の成績の情報も実験者は入手することができます。そこで、これらとモテ度の関係も調べることができます。

さて、参加者の性格や成績とモテ度の関連はどのようになったでしょうか。その結果を【表1−01】に示してみます。縦には測定で用いたさまざまな項目が記されています。横には男性と女性それぞれについての相関係数が示されています。相関係数とは統計上の数値で2つの変数がどのくらい関係しているのかを示す数値です【Column 01】。この結果を見ると、まず性格に関していえば、社会的内向性（内気かどうか）、性度（男らしさ、女らしさ）、

表1-01　ウォルスターらの実験における各種指標とデート希望との相関係数（Walster et al., 1966）

	男性	女性
成績の相対的位置	-0.18*	-0.07
学業テスト	0.04	-0.05
社会的内向性	-0.10	-0.08
性度	-0.12	-0.10
社会的関係性	-0.11	-0.18*
自己受容性	0.14*	0.03
外見的魅力	0.36**	0.44**

（＊　$p < 0.05$，＊＊　$p < 0.01$ で統計的に有意）

社会的関係性（社会的なつながりを重要視するか）、自己受容性（自分を受け入れているか）の各尺度とモテ度の相関はほとんどないことがわかります。つまり、性格の良し悪しはモテ度と関係していなかったのです。また、成績の相対的位置や学業テストも、モテ度とはほとんど関係はありませんでした。

この実験では、もう一つ密かに測定されたものがありました。それが外見的魅力です。パーティー参加者が受付に来て性格テストに取り組んでいる間、そこにいた4人の上級生が参加者の外見的魅力を評定していたのです。そして、この外見的魅力の評定値と「デートしたいと思われたか」の相関を調べてみると、男性で $r = 0.36$, 女性で $r = 0.44$ もありました。これはもちろん統計的にも意味のある値でした。なんと、ある人のモテ度は性格や成績などでなく、外見的な魅力のみと関係していたのです。

Column 01

2つの変数の関係を示す相関係数

相関係数とは

相関係数とは、ある2つの変数について、その関連性の程度を示す数値です。たとえば、外見的魅力とモテ度がどのくらい関連しているかを示します。相関係数は、マイナス1～0～プラス1の間の値をとり、マイナス1とプラス1のときは、片方が決まればもう片方の値も一つに決まるという、完全な関係があることを示します。逆に、まったく予想できない場合は0になります。

マイナスとプラスは、相関の方向を示しています。マイナスは、片方が増えると、もう片方は減るという形の関連性を、プラスは、片方が増えると、もう片方も増える

図1-01 外見的魅力とモテ度の相関関係

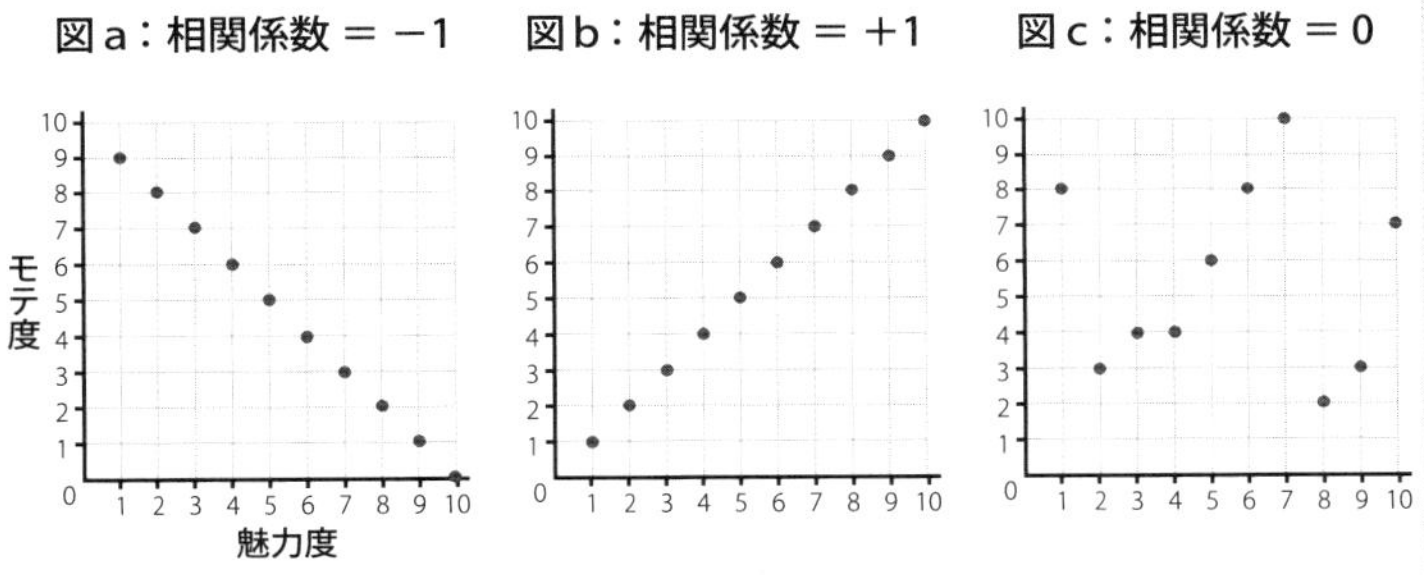

という形の関連性を示します。相関係数がマイナスの場合を負の相関、プラスの場合を正の相関といいます。

具体的なデータの例（実験の対象者一人一人の外見的魅力とモテ度の値がどうなっているのか）を【図1-01】に示します。相関係数がマイナス1の場合は図a、プラス1の場合は図b、0の場合は図cのようになります。これは、10人の対象者全員の外見的魅力とモテ度を図にしたものです。それぞれの●が対象者一人一人、横軸が魅力度のスコア（0~10点満点）、縦軸がモテ度のスコア（0~10点満点）だと思ってください（データは架空のものです）。

しかし、外見的魅力やモテ度といったよ

うな心理学のデータでは、個人差も大きいため、マイナス1やプラス1のような強い相関が現れることはまれです。相関関係があるデータでも、0・3〜0・7の間をとることが多いという印象です。心理学の世界では、0・3以上の相関係数が得られれば、だいたい意味のある相関だと判断されます。

相関と因果関係

相関係数は、心理学に限らずさまざまな場面で使われます。いろいろな書籍や雑誌記事でも目にすることがあるのではないでしょうか。相関係数は、数値化した変数であれば測定単位にかかわらず（5段階で当てはまる・当てはまらないを聞いたものであろうが、身長を㎝やｍで表したものであろうが）使えて便利で、比較的簡単に算出できるからです。

ただし、相関係数を使うとき、一つよく誤解される点があります。それは、相関＝因果関係という誤解です。相関係数はあくまで数値上、片方の変数が決まればもう片方の変数が決まる（予測できる）度合いを示すものなので、変数同士に原因→結果の因果関係があるということはいえません。どちらも原因の可能性がありうるし、結果の可能性もありうるし、原因でも結果でもない可能性もありえます。

お互いの変数が原因―結果の関係になっておらず直接的な関係もないのに、第3の変数があることにより見かけ上相関が出ることがあります。これを疑似相関といいます。たとえば、身長と学力の関係を分析すると、そこには正の相関が現れることがあります。しかし、これは、身長が高いから頭が良いわけではなく、年齢とともに身長が伸び、学力も上がるので、身長と学力だけ取り出したときに、見かけ上正の相関が生じてしまったのです。

相関係数を使って分析するときも、相関係数を使った記事や論説に触れるときも、相関≠因果関係を頭に入れて冷静に見ることが必要です。

02

ウォルスターらの研究は信用できるのか

自由に相手を変えることができれば、外見的魅力の効果はなくなるか

このウォルスターらの研究結果は、多くの（そしてたぶんあまりハンサムではない）社会心理学者に相当大きな衝撃をもたらしました。そのため、「こんな研究、到底信じることができない」と考えた研究者たちが、いろいろな場所で同様な追実験を行うことになりました。

初めに行われた追試は、ペンシルバニア州立大学で行われたブリスリンとルイス（1968）の研究です。彼らは、ほぼウォルスターと同様の手続きで実験を行いました。実験に参加したのは、58人の男女で、彼らをランダムに29組のカップルに組み合わせました。この実験では、初めの組合せだけでなく、自由に相手を変えることも許されていました。もちろん、カップルを作る前に参加者の社会性、興味や態度、宗教や価値観、知性、そして外見的魅力などを測定しておきました。

２時間のパーティー後、男女のカップルは別室でアンケートに答えさせられましたが、これは「今回パーティーに参加した異性のメンバーの中で、あなたが今後デートしたいと思う人は誰ですか」というものでした。もちろんこれで、選ばれる人、選ばれない人が出てくるわけなのですが、どのような人が選ばれやすいのか、つまりモテやすいのかが、やはり相関係数を使って調べられました。

その結果、評定者と興味が一致しているかどうか（r = 0.64）や社会性（r = 0.60）も高い値を示しましたが、やはり圧倒的に高い値を示したのは、外見的魅力であり、顔の良さとモテ度の間には、r = 0.89という信じられないほど高い相関関係が見いだされました。自由に相手を変えられても、結果は変わらなかったのです。

バーンらのコークデート実験

さらにバーンら（１９７０）のグループは、次のような実験を行いました。この研究ではとくに、２人の類似性と外見的魅力のどちらが重要なのかがテストされました。実験に協力したのは、88人の男女で、やはりウォルスターらの実験と同様な方法で実験が行われました。

1
2
3
4
5
6
7
8
9
10

表1-02 態度の類似性と外見的魅力度がコークデートにおける魅力度評定に及ぼす効果 (Byrne et al., 1970)

		態度類似性低	態度類似性高
男性	魅力的	10.55	12.00
	魅力的でない	9.89	10.43
女性	魅力的	11.25	12.71
	魅力的でない	9.50	11.00

（最低点２点、最高点14点）

彼らはまず、４５０人の大学生に態度や性格に関する50項目の質問紙調査に答えてもらいました。そして、この結果をもとにして44組のカップルを作りました。これらのうち24カップルは、態度や性格が非常に似ているカップルで、残りの20カップルはまったく似ていないカップルでした。この実験ではそれぞれのカップルに30分間の「コークデート」を行ってもらいました。彼らは50セントのソフトドリンク代をもらい、学生会館に行ってあらかじめ組み合わされたデート相手と30分ばかり会話をしました。そして終了後、各カップルは自分とペアになった相手について、その魅力度を評定しました。

この実験の結果、態度や性格の一致は、確かに相手に対する魅力を高めることが明らかになりました。ところが、外見的魅力はそれと同じくらいか、それ以上に相手の魅力を高めるということがわかったのです【表1－02】。

さらに2～3か月後にもう一度参加者と連絡を取ってみたところ、外見的魅力の高い参加者ほど、相手が名前を記憶していることもわかりました。

たくさんデートすれば外見的魅力の影響は低下するのか

マテス（1975）は、このようなコンピューターデート実験で外見的魅力の効果が大きくなってしまう最大の原因は、相手について利用できる情報が顔くらいしかないからだと考えました。出会って30分からたかだか数時間くらいでは、相手の性格などわかるわけはありません。性格は、むしろじわじわと魅力に影響してくるものではないでしょうか。

彼はこのような考えを「利用可能な情報が限られているから顔が重要になるんだ」仮説と名づけました。この仮説が正しければ、引き合わせたカップルが何回もデートを重ねれば、だんだんと外見的魅力の影響は小さくなり、性格などの要因の影響のほうが大きくなっていくことが予想されます。そこで彼は、組み合わせたカップルに40分のデートを1週間ごとに5回行わせ、そのたびに相手の魅力度を評定する実験を行いました。

ところが残念ながら、マテスの予想どおりにはなりませんでした。5回のデートごとに

表 1-03 デートの回数と相手の外見的魅力ごとに見た相手への好意度（Mathes, 1975）

回数	1	2	3	4	5
魅力的	6.38	6.69	6.75	6.75	6.69
魅力的でない	6.34	6.09	5.88	6.13	6.16

（最低点 1 点、最高点 9 点）

測定した好意度得点では、魅力的な外見の人は1回目から5回目まですべての印象が魅力的でない人よりも良く、その差は消失しませんでした。これは残念ながら、外見の効果が少なくとも5回のデートの間（そしておそらくまだしばらくは）持続することを意味しています【表1―03】[01]。

[01] 日本でも松井と山本（1985）は、女性の写真を使った実験で、男子大学生が相手に抱く好意や「実際にデートに誘いたい度」は、もっぱら美しさに規定されていることを示しています。

この章のまとめ

本章では、恋愛において顔などの外見はどのくらい大切かという問題について論じました。出会い系パーティーを実際に開いてみてどのような人がモテるのかを検討した結果、本当に残念なことに性格や知性などの要因よりも、顔などの外見的な魅力が大きな影響を持つことがわかってしまいました。いきなりショックを受けた方も多いかもしれません。だいたい、多くの人は「顔なんて気にするな！」と聞かされて、ちょっと安心してきたからです。心理学は理想論でなくリアルな現実を直視する学問なので、こういうショッキングな事実が判明することは、ままあるのです。じつはこの後も、美人やハンサムがいかに得をするかという話が続きますが、みなさん、げんなりしないで読み進んでいってくださいね。私も含め、美人でない、ハンサムでない人が救われる話もちゃんと用意してありますので。

第２章

美人は性格が良いのか悪いのか

01

「美人＝性格が良い」論

美人は「性格が良い」と思われやすい

ウォルスターはじめ多くの実験で、恋愛において外見的魅力の効果が大きいということがわかってきました。では、なぜこのようなことが生じるのでしょうか。社会心理学ではその答えとして、まず美人・ハンサムステレオタイプというものの存在に注目しました。これは、外見的に魅力のある人は、性格的にも能力的にも優れていると考えてしまう傾向のことです。

この問題を明らかにした研究を一つ示してみましょう。ミルズとアロンソン（1965）の研究です。この研究はそもそも、魅力的な人は魅力的でない人に比べて他人に対して説得力があるかを調べたものでしたが、実験の中で、魅力的な人とそうでない人の印象が調べられています。実験では一人の女性をサクラにしてその女性の印象を実験参加者に尋ねました。半分の実験参加者には、この女性をメークアップして美人にした状態で見せ、残りの半分の実験参加者には、逆にメークダウンしてあまり魅力のない女性にした状態で見せました。

実験の結果、メークアップで魅力的になった女性は魅力的でない状態に比べて、「やさしく」「好感が持て」「陽気で」「落ち着いていて」「チャーミングで」「ファッショナブルで」「きちんとしていて」「ロマンティックで」あると認知されることがわかりました。もちろん、魅力ある人のほうが、人を説得する影響力を持っているということもわかりました。[01]

ファーストインプレッション（第一印象）は変化しにくい

前章で挙げたマテスの研究は、顔の良い人の好印象はある程度持続するという現象を示していますが、そこでは、上記の美人・ハンサムステレオタイプに加えて、ファーストインプレッションはなかなか変化しない、つまり最初の印象はある程度持続するという現象も働いています。

この現象を示した研究を見てみましょう。池上（１９８９）による実験です。

この実験ではまず、架空の人物Ａ君を想定してもらいます。実験参加者にはこのＡ君の

[01] この結果は逆にいえば、メークアップがうまくできれば、女性の印象はかなり良くなるということを意味しています。

1
2
3
4
5
6
7
8
9
10

日々のさまざまな行動が報告されます。報告されるA君の行動の中には「日曜日に一人で家で読書をする」などのあまり友好的でない行動と、「友達と一緒にお酒を飲みに行く」[02]などの友好的な行動、それに友好性とはあまり関係がない行動が含まれています。友好的な行動と非友好的な行動は同じ数入っていますので、実際にはA君は友好性という次元では中程度に友好的な人間であるという設定です。

さて、これらの行動を5つずつ呈示し、呈示するごとにA君がどのくらい友好的な人物だと思うか、その印象を回答させていきます。じつは半数の実験参加者には初めA君について友好的な人物であるというプロフィールが示されています。残りの半数の実験参加者にはA君について友好的な人物でないというプロフィールが示されています。ですから、最初の時点では、前者の実験参加者は「A君は友好的だ」、後者の実験参加者は「A君は友好的でない」というファーストインプレッションを抱いていることになります。この後、A君のさまざまな行動に接して、A君の印象がどのように変わっていくのかが、この実験で明らかにしようとしたことです。

A君は実際には中程度に友好的な人物なので、実験が進行するに従って、前者の群はA君の友好的でない面に触れ、次第にA君の評価を友好的でない方向に変え、後者の群は逆

[02] 池上が実際に使用した文章については論文に掲載されていなかったので明らかではありません。したがって、ここに例示したものと同じではありません。

1
2
3
4
5
6
7
8
9
10

図 2-01 A君の友好度に関する評価の予想 (Ikegami, 1989)

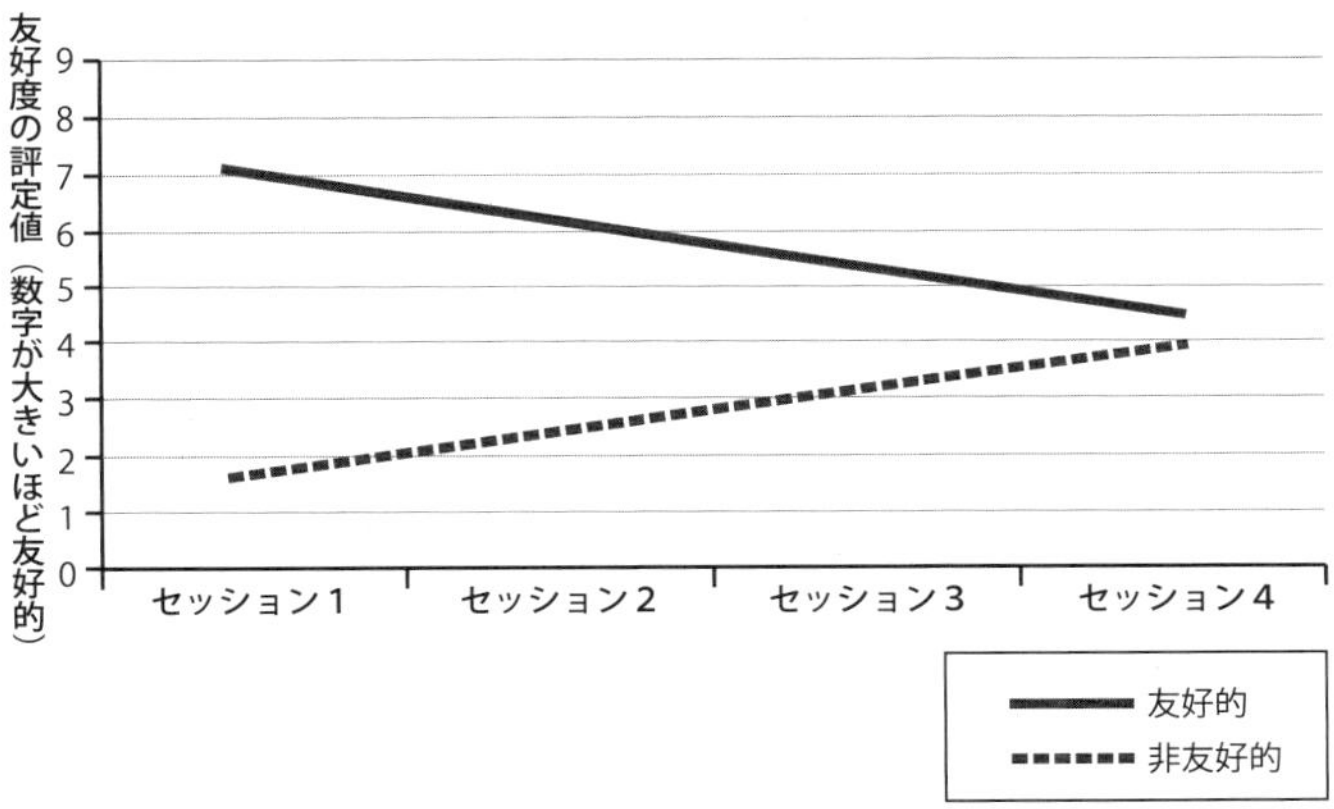

図 2-02 A君の友好度に関する評価の実際の結果 (Ikegami, 1989)

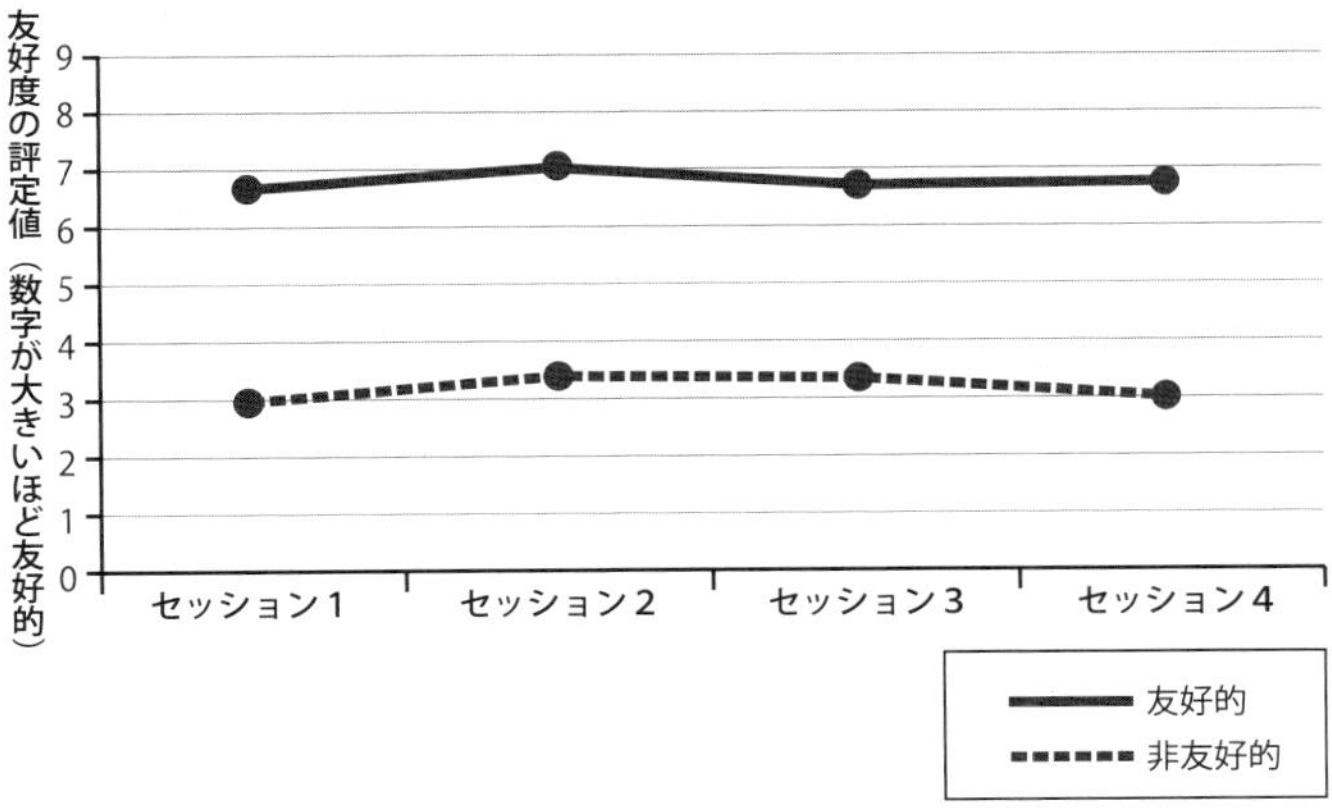

にA君の友好的な面に触れ、A君の評価を友好的な方向に変え、しばらくするとどちらの群もA君に対する正しい評価に安定してくることが予想されます。図でいえば【図2-01】のようなパターンになることが予想されます。縦軸は、評定された友好度の評定値を示しており、上にいくほど友好的であると評定されることを示します。横軸は実験の進行セッションで、実験が進行するに従ってA君の印象がどのように変わるのかを示しています。

ところが実際の実験結果はこのようにならず、【図2-02】のようになることがわかりました。つまり、どんな行動、たとえファーストインプレッションと反対の行動に接したとしても、最初の印象はほとんど変わらなかったのです。

美人・ハンサムの好印象は長続きする

このようにファーストインプレッションの効果はきわめて強力です。なぜこのようなことが生じるのかといえば、我々の心の中には「初めに形成された印象はできるだけ変えないようにしよう」というバイアスが存在しているからだと考えられています。そのため、A君が友好的だという印象が一度生じてしまった場合、もし、A君が友好的な行動をすれば「ああやっぱりA君は友好的なんだ」と自分のファーストインプレッションを強化する方向に考えますが、A君が逆に非友好的な行動をした場合には「あれ？　やっぱりA君は友好的じゃないのかな」と思ってファーストインプレッションを修正するというよりは「A君は、いま友好的でない行動をとったけど、それはたまたま気分が悪かったからなんだ」とか「そういう行動をとるような状況に置かれたからやむをえずしたんだ」と考えることによって、もとの印象を変えないようにしているのではないかと考えられています。

　そうすると、外見の良い人と接した場合、最初に形成されたときめきと「この人は良い人である」というファーストインプレッションも、外見のあまり良くない人と接した場合に最初に形成された「この人はあまり良い人でないかもしれない」という印象も、その後の対人相互作用を通してもなかなか変わらないということになるのです。

02

「美人＝性格が悪い」論

修身教科書に見る「美人＝性格が悪い」論

さて、ここまで美人やハンサムなど外見が良い人は、性格も良いと思われる現象を見てきました。このようなお話をすると、こういう反論が出てきそうです。「美人は性格が良いって？　いやいや美人は冷たくて性格が悪いものでしょ？」。

そう、じつは確かに、「美人＝性格が良い」という論と同様に、「美人＝性格が悪い」というステレオタイプがさまざまな文化や時代で広まっているのも事実なのです。

たとえば、井上章一（１９９１）[03]は、明治時代の「修身」（現代の道徳の授業に近い教科）の教科書には「美人は往往、気驕り心緩みて、却つて、人間高尚の徳を失ふに至るものなきにあらず……之れに反して、醜女には、従順・謙遜・勤勉等、種種の才徳生じ易き傾あり」と書かれていたことを指摘しています。美人はその美しさゆえにしばしば性格が悪くなるが、醜女はさまざまな誘惑がないためにさまざまな才徳が生じやすいというの

[03] 外見的魅力の研究において井上章一の論考の重要性を初めて指摘したのは、蔵（1993）です。

です。

なぜ美人は性格が悪いといわれるのか

では、なぜ、美人に対してこのようなネガティブなステレオタイプが発生するのでしょうか。井上は、修身教科書における「美人＝性格が悪い」論については次のような説明をしています。

明治時代においては芸者上がりで「容姿は美しいが、家柄は良くない」という女性たちが、社会的な地位がある、または経済的に裕福である男性と結婚して社会的な地位を上げるというういわゆる「玉の輿《こし》」現象が発生していました。これに脅威を覚えたのが、もともと家柄は良いものの、外見はそれほど良くない女性たちです。彼女らはこのような外見によって成り上がってくる女性たちに対してあまり良い気持ちはしませんでした。そこで、美人に対して否定的にとらえネガティブな噂を流したというのです。

確かに井上が指摘するように、美人の進出によって自分の地位が脅かされる人々の嫉妬は重要な要因かもしれません。美人がその外見的魅力によって得をして、いろいろなものを得るというのはもちろん日本だけの現象ではありません。美人やハンサムは影響力が大きく注目されるので、おそらく、いままで多くの人にねたまれてきたのは確かでしょう。こういう人が「だいたい美人なんて……」といった陰口をたたいたということはもちろん十分考えられることです。

しかしながら、ただ単にそのような陰口だけだったら、このネガティブなステレオタイプがここまでポピュラーになったとは考えがたいのも事実です。じつはこのような説が広まる背景には、人々が持っている「天は二物を与えず」的な世界観があると思われます。多くの人々は「神様は平等でありすべての人に等しく才能を授けてくださっているのだ」という、ある意味、幻想を信じたいと心の底から思っています。そのため、ある部分で能力を発揮している人については、その裏に必ず劣っている側面があり「世の中はバランスがとれている」と考え、納得したいのです。このような世界観が美人のネガティブなステレオタイプを広め、維持していると考えられます。

美人は結局性格が良いと思われるのか、それとも悪いと思われるのか

ここまで、「美人＝性格が良い論」と「美人＝性格が悪い論」について見てきました。不思議なことにどちらもそれなりに当てはまっていると思うのではないでしょうか。では、

いったい美人の性格は良いと認知されることが多いのでしょうか、悪いと認知されることが多いのでしょうか。じつは、圧倒的に良いと認知されることが多いということがわかっています。

この問題について、いままでさまざまな実験や調査が行われてきましたが、そのほとんどすべてが、美人が良い性格だと思われるという方向の結果を出しています。いままで、美人が悪印象を受ける場合があることを示した研究は、美人がその美貌を使って、詐欺などの悪事を働いたときだけは大きな非難が浴びせられるということを示したもの（シガールとオストローブ、１９７５）や、刑務所の看守などの男性的な仕事に就こうとする場合、面接で不利になるということを示した研究（ジョンソンら、２０１０）など、きわめて限られたものしかありません。「美人＝性格が良い」論と「美人＝性格が悪い」論は確かにどちらもありますが、前者のほうが強力な影響を我々に及ぼしているようです。

03

実際のところ美人は性格が良いのか悪いのか

「容貌《みめ》より心」なんて嘘っぱち

いままで論じてきたのは「美人は性格が良いと思われるのか、悪いと思われるのか」という話で、美人の性格は、本当は良いのか悪いのかについての議論ではありませんでした。では、実際のところ美人は性格が良いのでしょうか、それとも悪いのでしょうか、はたまた、顔と性格なんて全然関係ないのでしょうか。

ここで一つ興味深い指摘があります。これは、明治時代の1907年に『家庭雑誌』に掲載された深尾《ふかお》韶《しょう》という小学校教師の投稿ですが、やはり井上章一が引用しているものです。

小学校や高等女学校の修身科の教科書を見ますと、瀧鶴台《たきかくだい》の妻[04]などが頻りに推奨せられて「容貌《みめ》より心」とか何とかいふ格言の下に、美人排斥論、醜婦奨励論が中々盛んです。私は多

[04] 大変な不美人でも、心がけ次第では立派な夫に愛されるという修身教科書定番のストーリー。

> 年の間小学校で少女を育てゝをりましたが、其内には随分美しい子も数々ございました……此の美人に属する子供の十中八九は皆極めて善良な性行を有つてゐました……自分は世間の美人排斥論、醜婦奨励論に対して此の現象を甚だ不思議に感じました。醜婦といふ側、可哀想ではありますが容貌の宜しからぬ……修身教科書著者の理想の婦人たるべき者の卵……を長い月日の下に調べて見ました。ところが其結果の意外なことには自分ながら驚いたのです。これらの子供は「容貌より心」どころか、容貌も心もメチャ〳〵で、猜忌、嫉妬、意固地、残忍、その他将来婦人の悪徳たるべきものゝ多くの質量を遺憾なく具へてゐたのでした。（井上章一『美人論』）

これは強烈な見解です。つまり、経験上は、美人は性格も何もかもが良い。その逆の人は「容貌も心もメチャメチャ」だというのです。

美人は性格が良いのか悪いのか

では、実際のところはどうなのでしょうか。じつは心理学の世界では、かなり昔から外見的魅力と性格の関係についての実証的な研究が散発的に行われてきていました。これらの研究結果は、さまざまな学術専門誌にばらばらに掲載されていました。そこでこれらの研究を、できるだけたくさん掘り起こして統合し、結局のところどのような結論が導き出されているのかを明らかにしようとしたのが、イエール大学のファインゴールド（1992）です。

彼は未発表のものや修士論文なども含めてこの問題を扱った145本の論文を集めて分析を行いました。その結果、なんと外見的魅力の高い人は低い人に比べて、より孤独感が少なく、より社会的不安が少なく、より人気があり、より社会的スキルがあるということがわかりました。これらの特性はいずれも「良い性格」といわれるものです。これはまさに「美人のほうが性格が良い」という結論です[05][06]。なんと驚くべきことに深尾留氏の投稿はある程度、「裏がとれて」しまったのです。

ステレオタイプというと普通は「間違った固定観念」のように使われます。しかし、このような研究はどうやら、美人・ハンサムステレオタイプがかならずしも「間違った」固定観念ではなく、美人がモテるのも美人ステレオタイプによる「誤解」が原因なのではなく、もしかしたら美人やハンサムが本当に優れた特質を持っているからかもしれないということを示唆しています。少し悲しいことになってきました。

[05] 原因の一つは、後述するピグマリオン効果の影響だと思われます。美人は性格が良いと期待されるので、実際にそのように育っていってしまったというのです。

[06] この結論は、多数のデータを集めて初めて現れてくる現象で、特定の美女やハンサムが性格が良いとか、そうでない人が性格が悪いとかということは意味しません。

04
美人は「玉の輿」に乗れるのか

「玉の輿」現象

ここで、ちょっと話を戻して、井上章一の指摘した「玉の輿」の話に戻りましょう。先ほども述べたとおり、明治時代に「美人＝性格が悪い」論が盛んだった理由の一つは、芸者上がりの美人が結婚によって高い社会的なステータスを得たことが原因の一つだったといいます。では、本当に、美人であることによって高い地位の人と結婚しやすくなり、それゆえ、社会的ステータスが増す、いわゆる「玉の輿」現象は存在するのでしょうか。これはこれで別に検討することが必要な問題でしょう。

高校生のとき美人だった女の子は「玉の輿」に乗れる

アメリカで行われた「玉の輿」の実証研究で最初のものは、エルダー（１９６９）によって行われたものです。彼は、オークランド発達研究プロジェクトの一環として、「玉の輿」についての分析を行いました。

このプロジェクトでは、１９３２年に小学5年生と6年生だった子どもたちを対象にして調査が行われました。彼らは中年になるまで長期にわたって追跡されて、年代ごとに発達心理学的なさまざまなデータが収集されていました。データの中には、参加者が高校生の時点での外見的魅力のデータもありました。これはスタッフが対象者について評定したデータでした。またＩＱや学業成績などもデータとしてそろっていました。

さて、これらの対象者も研究開始から30年後にはその多くが結婚していました。そこで、彼らが小学生だったときの家庭の社会・経済的な地位（これは父親の社会的階層）と結婚後の社会・経済的な地位（これは配偶者の社会的階層）が比較されました。もちろんこの中には、結婚によって社会的階層が向上した女性と向上しなかった女性が現れてきます。この2つのグループを比較したところ、彼女らの高校生のときの外見に大きな差が見られることがわかりました。外見が良かった者のほうが、結婚によって社会的地位が向上していたのです。この効果は、ＩＱについては見られませんでした。つまりＩＱの良さは社会的な地位の向上にあまり役に立たないけれども、高校のときに美人だった女の子は、その後、結婚によってより高い社会的地位をゲットすることに成功しているということです。

同様な研究は、ウドリーとエックランド（１９８４）によっても行われています。彼らは、７４５人の女子高校生の写真をもとに彼女らの外見的魅力度を7段階に分けました。そして、それが15年後の彼らの人生を予測できるかどうかを検討しました。その結果、外見的魅力が高いほど、高学歴、高収入の配偶者と結婚できることが示されました。もちろん外見的魅力は早く結婚できるということも予測していました。

現代日本で美人は「玉の輿」に乗れるのか

このようにいままでの研究は、「玉の輿」現象が実際に存在する、少なくとも１９８０年代頃のアメリカでは存在したことを示しています。どうやら、美人は性格が良いと認知されるだけでなく、金持ちになるための切符も持っているようです。

では、現代の日本でも自らの美しさを武器にして資金力のある男性を落として、「玉の輿」に乗ることは可能でしょうか。この問題を検討しているのが森と小林（２００８）の研究です。彼らは、お金持ち妻（平均世帯年収が９０００万円程度の家庭の奥様方）を対象として大規模な調査を行いました。

彼らは女性が、お金持ち妻になる方法として、３つのルートを想定しました。１番目は、まさに「玉の輿仮説」で容姿端麗なためにお金持ちに見初められるというルートです。2番目は、「同類リッチ婚仮説」でもともとお金持ちだった人同士が結婚するルートです。そして3番目は「糟糠《そうこう》の妻仮説」[07]で、下積み時代から苦労を共に生きてきた2人が最終的に富裕層になるというルートです。彼らは実際のお金持ち妻を調査し、その結婚に至る経緯などを検討した結果、実際には「玉の輿」型の結婚はほとんどないということを明らかにしました。結婚前に「芸能人、モデル、スチュワーデス、コンパニオンなどの」玉の輿に乗れそうな美貌を売りものにする職業に就いていた人はわずか1・9％で、しかもその全員が自分の容姿について「容姿は良かった」と思っていませんでした。つまり、華やかな美人がその美貌ゆえに「玉の輿」に乗ったケースは存在しなかったのです。

森らによれば、中流階級以上でとくに母親が教育熱心な家庭に育ち、自らも社会で経験を積みキャリアウーマンとなった女性が、仕事の中で、将来富裕層になる優秀な夫か、あるいはすでに経済的基盤を両親から受け継いでいる夫と出会うという「キャリア妻」型が「現代の玉の輿」婚であるといいます。つまり、現代の日本では、美貌による玉の輿は困難であるけれども、「知性と勤勉」による玉の輿は可能であるというのです。

[07] 糟糠とは、酒かすや米ぬかで貧しい食事のこと。これより糟糠の妻とは貧しい時代から一緒に苦労を重ねてきた妻のことを指します。

この章のまとめ

美人やハンサムがモテる理由の一つとして、「美人＝性格が良い」というステレオタイプの存在が指摘されています。一方で「美人＝性格が悪い」というステレオタイプもこの世界には存在しています。しかし、どうやら美人・ハンサムについては「美人＝性格良い」論の影響力のほうが強そうです。また、美人やハンサムが良い印象で見られるのは、もしかしたら、実際に美人やハンサムのほうが性格が良いからかもしれないという可能性が示されました。最後に、美人であるがゆえにお金持ちに見初められてリッチになるという「玉の輿」現象について検討しましたが、現代の日本では美貌ゆえの玉の輿は、なかなか難しいということもわかりました。

第３章

美人は頭が良いのか悪いのか

01

美人・ハンサムは頭が良いしさまざまな能力を持つ？

美人・ハンサムは能力があると思われやすい

第1章で我々は、美人やハンサムが「モテる」、つまり異性から恋人として選択されやすいという現象について示してきました。また、第2章では、美人やハンサムであるだけで性格が良いと判断されるということも示してきました。じつは美人やハンサムはもう一つ、それだけで、能力があるとも考えられやすいのです。本章では、この問題を詳しく検討してみたいと思います。

美人・ハンサムな子どもは先生から期待される

まずは学校生活のことからお話ししましょう。学校において美人やハンサムな生徒はそうでない生徒に比べて、先生からより期待されるという話です。

この問題を最初に検討したのは、クリフォードとウォルスター（1973）です。彼ら

表3-01　魅力的な子どもと魅力的でない子どもに対する教師からの認知（Clifford & Walster, 1973）

	魅力的な子ども	魅力的でない子ども
知能指数（7段階）	3.33	2.98
人間関係（5段階）	3.54	3.25
両親の期待（6段階）	4.66	4.38
最終学歴見込（7段階）	3.06	2.65

は、小学5年生担当の先生に協力してもらって研究を行いました。実験参加者たちは、生徒についての資料を読んでその生徒の特性を判断するという課題を行いました。資料は、標準よりもやや成績の良い生徒のもので、この生徒の国語、算数、理科、社会、美術、音楽などの成績と欠席日数などのデータが記入されていました。また、この資料には生徒の写真が貼り付けてありました。独立変数となったのはこの顔写真です。この実験のために12人の写真が用意されました。男女3人ずつの魅力の高い生徒と、男女3人ずつの魅力の低い生徒の写真です。実験参加者となった先生は、この写真の12人について、知能指数を1（96－100）から7（126－130）までの7段階で、クラスにおける人間関係の良さを5段階で、親が学校に抱いている期待を6段階で、最終的にどの段階までの学歴を得ることができるのかを7段階で、評定する

ことが求められました。

この実験の結果、外見が魅力的な子どもはそうでない子どもに比べて、高い知能指数を持ち、学業達成、高い教育可能性、社会的な潜在能力を持っていると教師から認知されることが示されました【表3-01】。

期待されることがもたらす見過ごせない効果

この研究では、生徒の外見によって期待に違いが生じることが明らかになりました。これは単に期待の問題なので、たいしたことはない、実際に評価してみれば公平な評価が下されるだろう、と考える人もいるかもしれません。しかし、問題はそれほど単純ではありません。心理学では、ピグマリオン効果といわれているものが広く知られています。これは、ローゼンソールとジェイコブソン（1968）が発見した現象で、教師期待効果とも呼ばれます。

ローゼンソールらはある小学校で、知能検査を行いました。そして、担当の先生に「この知能検査は、今後その子どもがどのくらい伸びるかをテストするものなのです」と信じさせて、今後伸びる可能性のある子どもとして何人かの子どもの名前を示しました。その

8か月後にもう一度知能検査を行ったところ、実際にそれらの子どもたちの知能が伸びていることがわかったのです。この実験の面白いところは、じつは先生に示された「伸びる子ども」のリストは単に、ランダムに選ばれた生徒にすぎなかったことです。つまり、「この子どもは伸びる」と先生が信じたことにより、実際にそれらの子どもたちの知能が伸びてしまったのです[01]。

このように、先生の期待が現実化してしまう効果が存在すると仮定すると、美人だったりハンサムだったりする子どもは先生から期待され、実際に成績が良くなってしまう可能性があります。また、このような効果が自己拡大していく可能性について言及している研究者も少なくありません。つまり、魅力的→先生から期待される→勉強を頑張る→実際に成績が良くなる→さらに先生から期待される→さらに頑張るという良い方向のスパイラルが形成されるというわけです。これは逆の場合、恐ろしいスパイラルとなります。つまり、魅力的でない→先生から期待されない→勉強を頑張らない→成績が低下する→さらに期待は低くなる→さらに成績が低下するという流れです。

[01] この効果はとくに年齢が低い場合に現れやすいと思われます。ローゼンソールらの論文では小学校１年生、２年生と４年生にのみこの効果が現れています。

図 3-01 外見的魅力と論文の評価の関係（Landy & Sigall, 1974）

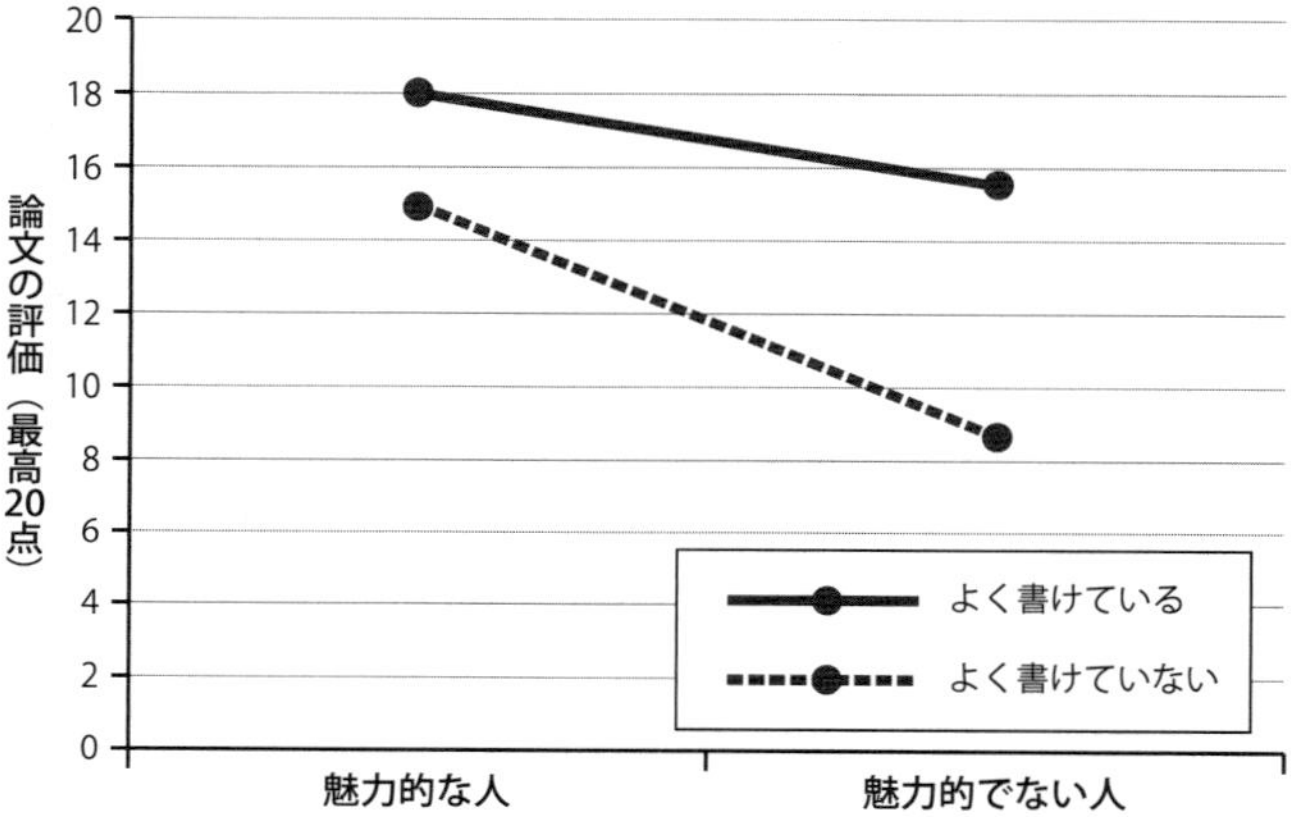

美人の書いた小論文は高く評価される

いままでの話は、先生が生徒に期待するかという話でしたが、実際の成果物の評価においても外見的な魅力のバイアスが発生し、魅力的な人は得をするということが示されています。

ここでは、ランディとシガール（1974）の研究を紹介しましょう。彼らは、書かれたエッセイを評価する実験を行いました。この実験では、「テレビが社会に与える影響」というタイトルのできの悪いエッセイと、できの良いエッセイが用意されました。できの悪いエッセイは、内容が単純で構成もあまり良くできておらず文法的な間違いも含んでいるものでした。できの良いエッセイは、明確に考えが主張されていて文法的な間違いもないものでした。このエッセイを「テレビ局が行う小論文コンテスト」に提出されるものという、偽のストーリーをつけて、男子学生の実験参加者に見せ、評価させました。小論文には執筆者のプロフィールがついており、そこには執筆者の写真も添付されていました。半分の男子学生には魅力的な女子学生の写真が添付されたプロフィールが、残り半分の男子学生にはあまり魅力的でない女子学生の写真が添付されたプロフィールが呈示されました。

この実験の結果、よく書けている論文では統計的に有意な執筆者の魅力度の効果はありませんでしたが（ただ、数値的には魅力的な女子学生が書いたもののほうが得点は高かった）、よく書けていない論文の場合には魅力度の効果が現れ、魅力の高い執筆者のほうが良い評価が得られました【図3－01】。

男性は美人の能力を高く評価する

カプラン（1978）は、ランディとシガールの研究を追試しましたが、彼はもう一つの要因を実験に付け加えました。それは評価をする者が男か女かという要因です。彼は、

表 3-02 外見的魅力と論文・筆者の評価の関係
(Kaplan, 1978)

	男性評価者		女性評価者	
	美人でない	美人	美人でない	美人
論文のクオリティ	4.94	5.91	6.11	5.71
著者の知能	5.48	6.37	6.63	6.17
著者の感受性	6.20	7.02	6.71	7.17
著者の才能	4.86	6.20	6.26	5.88
著者の能力	5.40	6.51	6.43	6.37

（最高点９点）

愛国心についての、あまりよく書けていない論文を用意し、それを男女70人ずつの学生に評価させました。評価は、論文のクオリティと論文の著者の知能や才能などに関するものでした。

論文にはこのエッセイを書いた「メアリー・フィッシャー」さんについての簡単な紹介文と写真がついていました。半数の実験参加者には魅力的な、残りの半数の実験参加者にはあまり魅力的でない著者の写真が添付されていました。実験の結果、男性が評価をした場合の結果はランディらのものと同じになりました。つまり、筆者が魅力的だと論文のクオリティや著者の能力は高く評価されました。ところが、女性が評価した場合にはこのような結果は得られませんでした（むしろ、女性は美人でないほうに高い評価をする傾向があり、美人には冷たいということがわかりました）【表3－02】。

また、彼は第2実験で論文の筆者を男性という設定にして同じ実験を行っていますが、筆者が男性の場合には外見的な魅力の効果は得られませんでした。なお、カプランの研究やランディらの研究では学生が評価者をしていましたが、ブルとスティーブンス（1979）はベテランの教師でも同様の効果が現れるということを示しています。

美人・ハンサムは音楽的才能もあると認知される

ここまで、美人やハンサムはアカデミックな能力が高く評価されがちであるということについて述べてきましたが、では音楽などの芸術的能力に関してはどうでしょうか。じつはここでも魅力的な人は得をするということがわかっています。

ワプニックら（1997）は、14人の歌手のパフォーマンスを音楽専攻の学生に聴かせて評価させる研究を行いました。評価ポイントは、声質や呼吸のコントロール、イントネーションの正確さなどの側面でした。この実験では、歌だけを聴かせて判断させる条件と、ビデオで外見を見せながら歌を評価させる条件が設けられていました。これらの条件を比較することによって、実際の歌に外見がどのような影響を与えているのかがわかるわけです。また、これと同時に歌手の外見の評価を別の実験参加者に行わせました。この評価をもとに、魅力的な歌手とあまり魅力的でない歌手が分けられました。

分析の結果、男性の歌手では、歌だけ聴かせた場合には、魅力的な歌手とあまり魅力的でない歌手で、歌の評価に差はなかったのですが、外見を見せた場合には魅力的な歌手で評価が上がることが明らかになりました。ただし、この傾向が見られたのは男性の歌手だけでした。女性の歌手はそもそも歌だけの条件でも魅力的な歌手のほうが高い評価を得てしまっていたので、外見の効果の分析ができませんでした。

ワプニックら（1998、2000）は、バイオリンの演奏や子どものピアノ演奏を使って同様の結果を出しています。さらに、ノースとハーグリーブス（1997）はポップミュージシャンを対象として、外見が魅力的であるほどパフォーマンスが優れていると知覚されることを明らかにしています。

この種の研究で、ちょっと面白い結果を出しているのが、ライアンとコスタ＝ギオミ（2004）の研究です。この研究では、10人のピアニストの演奏の評価が行われました。ピアニ音のみで評価した場合と外見も含んだビデオ映像で評価した条件を比較しました。ピアニ

1
2
3
4
5
6
7
8
9
10

図3-02 外見的魅力とピアノ演奏パフォーマンスの関係
(Ryan & Costa-Giomi, 2004)

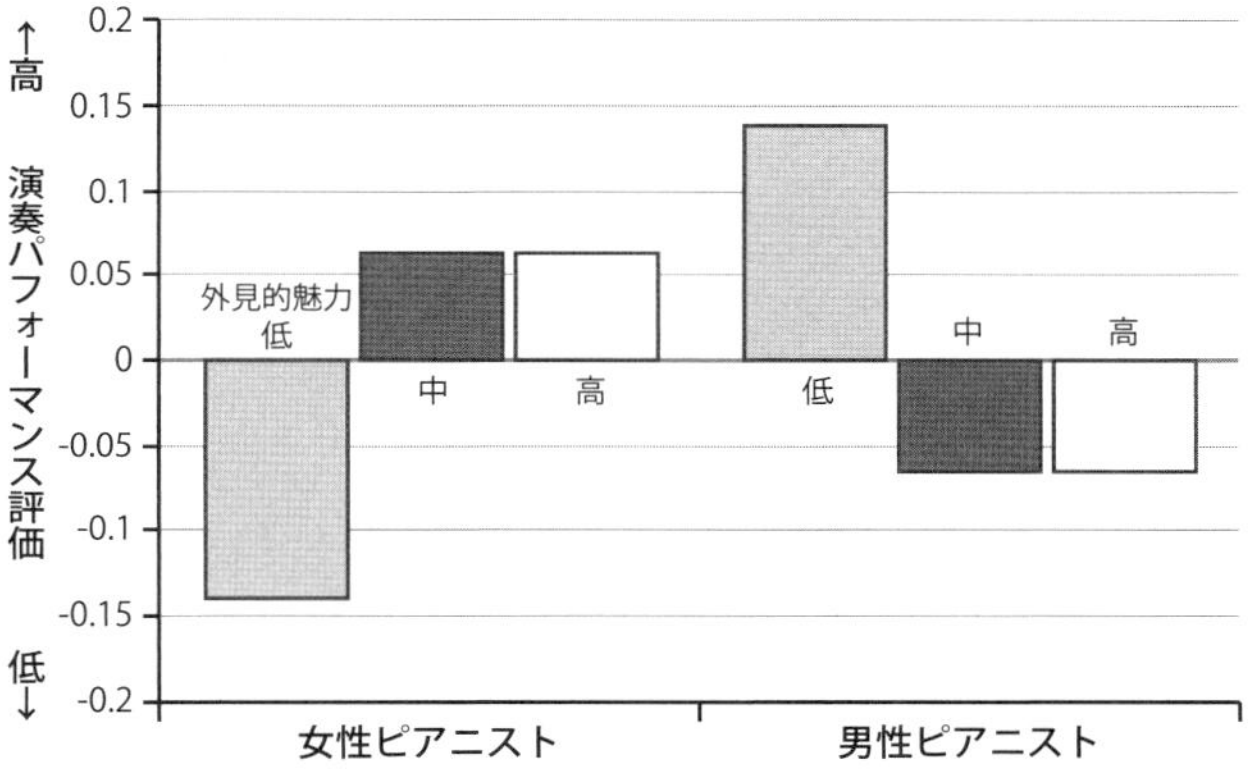

ストの外見については、低い、中くらい、高いの3段階に分け、それぞれで集計が行われました。その結果、女性ピアニストの場合には、いままでの研究と同様に外見的魅力が高いほど、ピアノの演奏評価も良くなることが示されました。ただ、そのパターンは外見的魅力が高い場合に演奏評価が良くなるという方向でなく、外見的魅力が低い場合に演奏評価が悪くなるという形で働いていました。

興味深いのは男性ピアニストのほうです。男性の場合、従来の結果と異なり、外見的魅力と演奏評価は逆のパターンを示していました。つまり、外見的魅力が低いほうが演奏評価が高くなったのです

【図3－02】。

美人・ハンサムな教員は授業がうまいと評価されやすい

さて、ここまでは生徒や学生の能力の評価に魅力のバイアスがかかるという話を述べてきましたが、この効果は先生から生徒の方向に働くだけでなく、もちろん、生徒から先生のほうにも働くということがわかっています。

生徒は外見的魅力の高い先生を、低い先生よりも、より面白みがあり、教え方がうまく、一緒にいて楽しく快適で、より先生に向いていて、感受性、コミュニケーション能力、専門的能力などが優れていると判断するのです（ロンバルディとトッチ、1979）。

この種の研究のうち、我々大学教員に関する最近の研究を一つ取り上げてみましょう。アメリカの大学教員もそして最近の我が国の大学教員も、日夜、学生のアンケート結果というものに悩まされています。我々の授業内容や授業態度（！）がどうであったかについて、学期末などにアンケート調査が行われ、その結果が、我々教員にフィードバックされるというシステムが広く行われているからです。「板書が汚い」とか「脱線が多い」とか「授業にいつも遅れてくる」などの厳しいコメントが寄せられることも少なくなく、我々はそれを見て反省して、次の学期からより良い授業を行うように工夫することが期待されているわけです。

さて、このようなアンケートは大学が公的に行っているのが普通ですが、ウェブ上にも先生を評価するサイトが作られています。たとえば、アメリカには、「うちの教授評定ウェブサイト（www.ratemyprofessors.com）」などというサイトが存在します[02]。このサイトにはアメリカ全土の大学の教員の授業が「どのくらい役に立つか」「どのくらいわかりやすいか」「どのくらいきついか」などについての学生の評価や総合評価が載せられています。リニオロら（２００６）はこのウェブサイトの内容を分析しました。対象となったのは投票の多かったデラウェア大学やサンディエゴ州立大学など４つの大学の教員評価です。このサイトでは各教員の授業評価とは別にその教員が「ホット」か「ホットじゃない」かの投票も行っていました。この「ホット」というのは各教員の外見的な魅力度を反映している値です。各大学とも「ホット」度の高い教員は10～20％程度しかいませんのでなかなか厳しい評価です。分析の結果、学生から「ホット」と評価されている教員は、そうでない教員に比べて、すべての大学で学生からの授業評価も高いことがわかりました。

[02] 法政大学には学生が教員を評価する「裏シラバス」を作成しているサークルがあります。いまのところ教員の外見評価はないので一安心です。

02

美人は頭が悪い？

「美人は頭が悪い」という説

多くの研究を見てきましたが、いずれも外見的魅力の高い人は、教師から期待されるし、論文などでも高く評価されがちであるし、それに音楽的な才能もあり、さらには教員としての適性も高いなど、優れた人物であると判断されがちだということが（容姿がとくに優れているわけではない我々の多くにとっては）本当に嫌というほどわかってきたと思います。ところが能力的な問題に関しても、性格の問題と同様に、まったく反対の議論、つまり「美人は頭が悪い」という説も、ちまたでは盛んに伝えられているのも事実です。

ブロンドは『プレイボーイ』に載りやすい

「美人は頭が悪い」という話のさまざまなバリエーションの中でもっとも有名なのは「ブロンドは頭が悪い」という話です。

日本人は、濃さはさまざまながらも、もともとは黒髪の人がほとんどなので、髪の色の効果といわれてもあまりピンときませんが、アメリカやヨーロッパにはいろいろな髪色の人がいて、これが外見的な魅力に大きな効果を持っています。髪の色の中でもっとも好まれるのはブロンド（金髪）です。これらの国では、ブロンドであることは美人の重要な条件となっています。アメリカの代表的な男性誌である『プレイボーイ』のセンターフォールド（『プレイボーイ』は、アメリカの代表的な男性誌です。この雑誌には、毎月、1名の選ばれた女性のピンナップつきのヌードグラビアが中央のページに掲載されます。これをセンターフォールドといいます。ここに載るのは、まさにアメリカ人が考える美人の代表なので、外見的魅力の研究においてはこの雑誌のモデルの分析がしばしば行われています。本書でも何回か登場するので覚えておいてください）に載っている女性はブロンドの比率がきわめて高いということが指摘されています（リッチとキャッシュ、1993）。

ブロンドだとヒッチハイク成功率が上がる

また、ブロンドの髪をしていることによって男性からちやほやされるのも事実です。たとえば、ゲゲンとラミー（2009）は、髪の毛の色がヒッチハイクの成功率に及ぼす効

表 3-03 髪の毛の色がヒッチハイク成功率に及ぼす効果
(Guéguen & Lamy, 2009)

	人数	髪の毛の色		
		ブロンド	ブラウン	ブラック
男性ドライバー	1508	18.9%	14.3%	13.1%
女性ドライバー	892	8.1%	6.8%	7.3%

(%は車を停止させたドライバーの割合)

果についての実験を行っています。この実験では、20歳から22歳までの5人の実験協力者の女性が、ブロンド、ブラウン、ブラックのかつらをつけて、フランスの道路でヒッチハイクをしました。対象となったのは道路を通行する2400人の運転者です。このうち、1508人が男性で、892人が女性でした。その結果、車が止まってくれるかどうかは、髪の毛の色に関係しており、ブロンドの場合にもっとも多くの車が止まってくれることが明らかになりました。ただし、この傾向は男性ドライバーの場合だけに当てはまりました。女性ドライバーもブロンドの場合に一番止まってくれましたが、統計的に有意な差はありませんでした【表3-03】。

また、リン(2009)は、ウェイトレスはブロンドである場合、もらえるチップが多くなることを明らかにしています。

ブロンドジョーク

このように男はみんな大好きなブロンドなのですが、一方で、「ブロンドジョーク」といわれているジョークのジャンルがあり、広く語られています。これはたとえば次のようなもので、ブロンドの女性がいかに頭が悪いかをからかう内容になっています。

ブロンドジョーク1

ブロンド女が医者に言った。「先生、コーヒーを飲むと目が痛くなるんです。ブラックで飲むとなんでもないんですけど、砂糖とクリームを入れると、右目か左目どっちかが痛くなるんです」

医者は目を診察した後言った。「かき回した後スプーンはどけてください」

ブロンドジョーク2

ブロンド女2人が湖で大きな魚を釣って大喜びしました。

一人のブロンド女が「次に来たときに、どこだったかわかるようにしましょ!」と言ってペンを取り出しボートの底に大きく×印を書きました。それを見たもう一人のブロンド女はがっかりした様子で言いました。「あんたホントにバカね。今度来たとき違うボート借りたらどうするのよ」

バストが大きいとヒッチハイク成功率が上がる

また、ブロンドとまったく同じことがバストサイズについてもいえます。この問題に関しては第6章で詳しく検討しますが、バストサイズが大きいことによって女性は、魅力が高く評価されたり、グラビアに載りやすくなったり、ヒッチハイク成功率が高まったりすることが知られています。ちなみにバストサイズとヒッチハイクの研究をしているのは、ブロンドとヒッチハイクについても研究しているゲゲン（２００７）です。この研究をちょっと見てみましょう。

彼は、学生の中から平均程度の容姿の、バストの小さな女性をヒッチハイカー役として協力者に選びました。そして彼女にAカップ（普段）のブラジャーを着けてヒッチハイクさせる条件、Bカップ（フランスでは標準）のブラジャーを着けてヒッチハイクさせる条件、Cカップのブラジャーを着けてヒッチハイクさせる条件で実験を行いました。彼女は、

表3-04 ヒッチハイク成功率とバストサイズの関係
(Guéguen, 2007)

	人数	A	B	C
男性ドライバー	774	14.92%	17.79%	24.00%
女性ドライバー	426	9.09%	7.64%	9.33%

(%は車を停止させたドライバーの割合)

化粧はせず、ジーンズとスニーカー、それに少し胸を強調したTシャツを着て道の傍らでヒッチハイクを行いました。彼女は車が来ると指を立てて車に合図し、車が停止するかどうかを調査しました。

結果は【表3-04】のようになりました。女性ドライバーの場合、ヒッチハイカーのバストサイズは車を止めることと統計的に有意な関係はありませんでしたが、男性ドライバーの場合には、バストが大きいほど明らかに車が止まることが多くなりました(ちなみに車が止まってしまった場合には実験の趣旨を説明して笑顔で謝ったそうです)。

バストが大きい女は頭が悪い?

このように、男性から見るとバストの大きさが魅力を規定する重要な要因になっているのですが、バストが大きければ大きいほど、頭が悪いという印象が形成されてしまうことも示されています。

この問題を最初に指摘したのは、クラインケとスタニスキー（1980）です。彼らは、実験参加者に女性の簡単なプロフィールと写真を見せてその印象を尋ねる実験を行いました。実験参加者に呈示されたのはほとんど同じプロフィールでしたが「彼女のバストサイズは（小さいです／中くらいです／大きいです）」という一文が異なり、また、写真でもバストサイズが異なっていました。この実験の結果、「知的な」「能力のある」「モラルのある」「上品な」「野心的な」などの形容語で測定された知的・潜在的能力に関する因子についての印象は、バストサイズが小・中のときに比べて大のときに大きく低下することがわかりました。

同様な実験を動画を用いて行ったのが、タントレフ＝ダン（2002）です。一人の女性が職業キャリアについての6分間の講演をしているビデオを大学生の実験参加者に見せて、その印象を評定させました。これらのビデオの登場人物は同一の中肉中背の女性でセーター姿でしたが、この女性のバストサイズによって条件は4つに分けられていました。この4つとはブラジャーのサイズで、小さいほうからA、B、C、Dの4つのグループです。女性のバストの大きさはとくに強調されているわけではありませんでしたが、注意し

図 3-03 女性講演者のバストサイズが講演者の評価に及ぼす影響（Tantleff-Dunn, 2002）

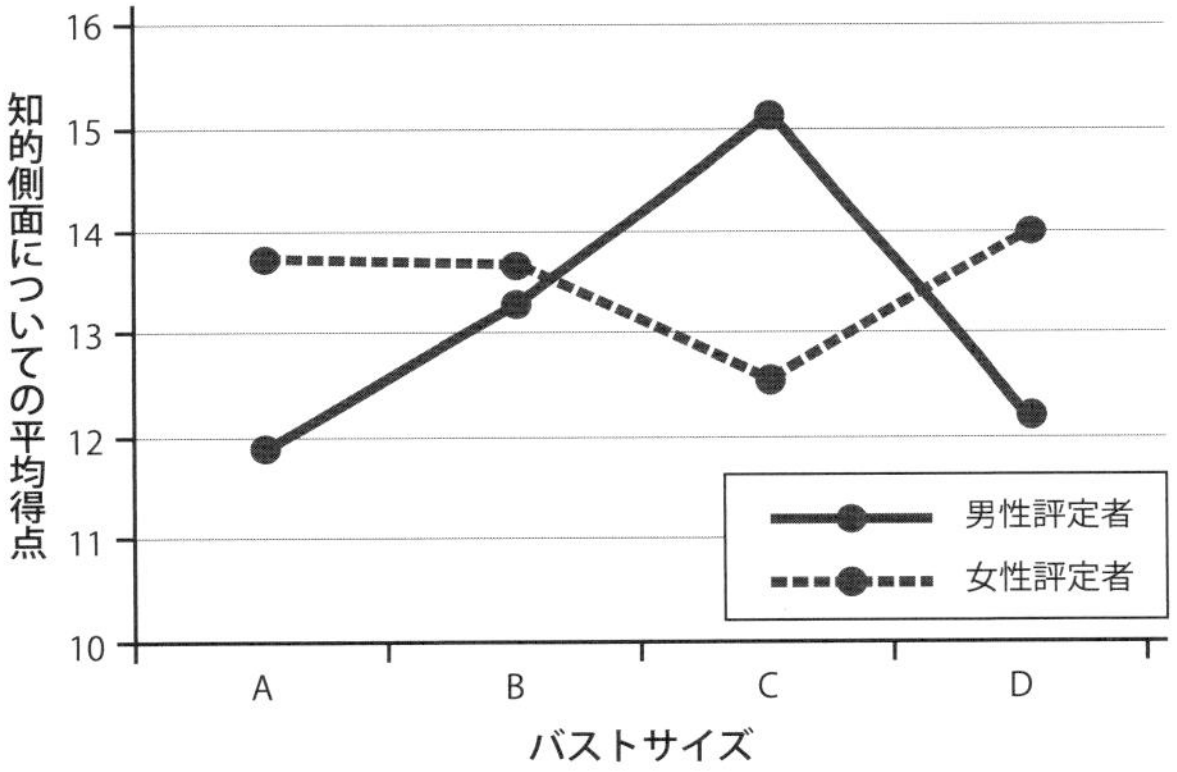

て見れば確かに違いがわかる程度のものでした。大学生は実験の目的を知らされずに、この女性のビデオを視聴しその後で女性の印象について評定しました。評定項目は15問でしたが、そのうちの10問は、この人物の知的側面やプロフェッショナルな側面について測定する項目でした。具体的には「知的な」「教育を受けている」「説得力のある」「信頼できる」などの項目です。また、残りの5問は、社会的な活動についての項目で、具体的には「人気のある」「頑健な」などの項目からなっていました。

その結果、興味深いことに女性の評定者は、バストサイズによってほとんど影響を受けませんでしたが、男性の評定者はバストサイズによって大きな影響を受けました。知的側面、社会的な側面とも、バストサイズがAカップからCカップまで上昇していけばいくほど評価は高くなりましたが、Dカップになるとそれぞれの評価が急激に低下することがわかりました**【図3－03】**。

Column 02

統計的仮説検定と有意水準

これまでの章で、「A条件のほうがB条件よりも得点が高かった」とか「AとBには差がない」といった表現が出てきました。これらの結果は、単に得点を比較して、どちらかの条件が1点でも0・1点でも多ければ条件に差がある、まったく同じなら差がない、といっていたのでしょうか？

そうではありません。心理学では、こういった問題についてきちんと統計的な根拠をもって処理しています。それが統計的仮説検定です。

心理学に限らず我々がデータを収集するときは、どうしても誤差が避けられません。そのために、A条件でも、B条件でも、得られたデータはある程度のばらつきを持っています。ということは、A条件とB条件の間の差も、このばらつきによって偶然的に生み出されてしまったものかもしれないのです。

そこで、とりあえず「A条件とB条件の差はばらつきによって偶然作り出されたものである」という仮説（帰無仮説《きむかせつ》）を置いて、このような差がどのくらいの確率で偶然生じてしまうのかを計算するのです。この計算は、統計学的には比較的簡単な方法ですることができます。

その結果、A条件とB条件の差が偶然に発生する確率が、たとえば５％以下しかなかったとき、「AとBは５％水準の危険率で有意差がある」というのです。これは「５％以下くらいの確率でAとBの差が偶然に生じてしまった可能性はあるけれども、そもそも、もともとAとBの間には差があった可能性が大きい」ということを意味しています。

心理学では、危険率の基準として１％か５％を用いるのが一般的です。

03

本当のところ美人・ハンサムは頭が良いのか悪いのか

顔の魅力と頭の良さに関係はあるか

さて、ここまで「美人は頭が良い」と思われやすいという論と、「頭が悪い」と思われやすいという論について述べてきましたが、これらについても「どう思われるか」という話で、「実際にどうであるのか」についての話ではありませんでした。では、実際には美人と頭の良さの間にはなんらかの関係があるのでしょうか。「そんなの関係ないに決まってるよ」と思う人が実際のところ多いと思うのですが、じつはそんなに単純なものでもないのです。

この問題を初めて実証的に研究したのは、バーシャイドとウォルスター（１９７４）です。彼らは顔の魅力と知能に正の相関を見いだしています。つまり、美人のほうが頭が良いという結論です。一方で、まったく逆に顔の良さは頭の良さと比例していないという研究も出てきました。たとえば、スパラチーノとハンセル（１９７９）は大学生の学業成績を規定する要因について研究しましたが、外見的魅力は成績とまったく関係ないか、あるいは外見的魅力が高いほうが成績が悪いという結果が得られました。また、ジャクソンら（1995）は、子どもの頃は外見と知能に相関があるが、大人になるとなくなるという研究結果を発表しています。

知能と外見に関する決定的な研究

このようにこの分野の研究は、当初はかなり混沌としていたのですが、近年、この関係について決定的ともいえる研究が現れました。それは、ロンドン大学の金沢（2011）による研究です。彼はアメリカとイギリスの全国的な発達調査のデータをもとにこの問題を検討しました。

まずイギリスでは、全国子どもの発達縦断研究プロジェクトに参加した1万7000人のデータを使用して分析が行われました。対象は1958年3月にイギリスで生まれた子どもたちで、追跡調査され、何回か知能テストを含む心理テストを受けています。また、このプロジェクトでは、7歳と11歳のときに教師が彼らの外見について「魅力的かそうでないか」を判断していました。魅力度は生涯大きく変わることが少ないということから、この数値が分析に使われました。また知能得点としては、さまざまな種類の知的能力テストの点数を総合して算出した一般知能得点が用いられました。これらの相関をとった結果、$r=0.381$ という比較的高い正の相関が得られました。つまり魅力的だと判断されるほうが、知能が高かったのです。

アメリカでも全国子ども発達縦断研究プロジェクトに参加した2万人あまりの子どものデータが分析されました。魅力度としては、訪問調査員が対象者の魅力度を直接5段階で評定したものが用いられ、知能としては、ＰＰＶＴ（Peabody Picture Vocabulary Test）などから算出された一般知能得点が用いられました。これらの相関をとったところ、イギリスのデータほどは高い数値は得られませんでしたが、外見と知能の間には、$r=0.126$ の有意な正の相関が見られました。これも魅力が高いほど知能が高いというデータです。

いままでの多くの研究は比較的少数の手近な標本を対象にして行われたものが多かったのですが、この研究は規模や実験参加者数が非常に大きく、調査手法も厳密に統制されていて信頼性も高いものです。このような研究でも、「顔が良いほど頭が良い」と、なんとも信じたくないような結論が得られているのです。

ただし、このような結果はあくまで大量にデータを分析した中で明らかになってくるものであることに注意しなければなりません。相関係数が０・３８１というのは確かに統計的にはそれなりに大きな数値なのですが、データ全体のばらつきの15％程度を説明している[03]にすぎません。だから、ある美人を見て「あの人は知能が高い」とか、ハンサムでない男性を見て「あの人は知能が低い」とか言うことはできません。

美人・ハンサムは音楽的才能も運動能力もある？

しかし、最近の研究はもっと信じたくないデータを出しつつあります。もしかしたら、音楽的才能や運動能力さえも顔の良さと関係しているのではないかという証拠が現れ始めているのです。先に挙げたワプニックらの歌唱能力と歌手の外見の関連についての実験では、そもそも美人のほうが歌がうまかったため、研究にならなかった始末です。また、ウィリアムスら（２０１０）は、アメリカのプロフットボールリーグのチームのクォーターバック（アメリカンフットボールで中心的なポジション）の能力（さまざまな成績から算出されるＱＢ指標といわれるもの）とその外見的魅力に高い相関関係がある、つまり、ハンサムな選手ほど良い成績をあげているということを明らかにしています。

[03] 相関係数の２乗を決定係数といい、これは変動のうちどの程度の割合を説明しているのかを示しています。つまり、相関係数（r）＝0.381 の場合、決定係数（r^2）＝0.145 となります。

なぜ美人・ハンサムは優れているのか

さて、ではなぜこのような結果が得られたのでしょうか。一つの考えは、顔の良さというものは優れた能力を持っているということを示す生物学的なシグナルになっているという可能性です。第4章で詳しく論じますが、顔や身体の左右対称性は健康や知性、社会的な適応などと密接な関連があるといわれています（プロコシュら、2005）。またこれも後に詳しく述べますが、顔は左右対称のときにより美しく感じられることもわかっています。ということは、左右対称の美しい顔を持つことがそのまま優れた能力を持っていることと関連していることになります。

もう一つは社会文化的な原因に起因するというものです。たとえば、前に顔が良い人は教師から期待されるという話を述べました。期待されるとその期待に応えようとして人々はさらに勉強します。その結果として最終的に顔が良い人は知的能力も高くなってしまうという可能性です。知能検査はそもそも学校教育にそれほど影響を受けないように作られるべきなのですが、実際問題においては学校で習う事柄と関連しているような問題も含まれています。そのためにこのような結果が生じてしまうと考えるわけです。期待をされると実際に頭が良くなってしまう現象は、先ほども述べたようにピグマリオン効果として知られています。

アメリカとイギリスで相関の数値が大きく異なることは、後者の社会文化的な影響があることを示唆していますが、実際のところは生物学的要因と社会文化的要因の双方のメカニズムによってこの関係が生じているのではないかと考えられます。

この章のまとめ

本章では、美人やハンサムであることによって、教師から期待されたり、知的能力や音楽的な能力が優れていると考えられやすかったりすることがわかりました。これとは逆に「美人は頭が悪い」という話もちまたでは伝わっているようですが、最終的には美人であることによって損をしている人よりも得をしている人のほうが多いのが事実でしょう。また、最近の研究では、外見的魅力が高いこと自体が実際に優れた特性と関係しているのではないかという、あまり聞きたくない話まで出てきています。

第４章

美人・ハンサムとは何か

01

美人・ハンサムについての平均顔仮説

ゴールトンの合成写真研究

ここまで、外見的魅力の高い人は得をするのか損をするのかについてさまざまに論じてきましたが、ここで考えなければならないのは、そもそも「美人」とか「ハンサム」とかいうのはいったいどういう顔なのかという問題です。

この問題について最初に研究したのはフランシス・ゴールトンです。ゴールトンは進化論で有名なダーウィンのいとこです。彼は総合的な科学者であり、当時の最先端の技術や知識を使ってさまざまな研究を行いました。その中の一つとして、写真の重ね焼きを使った研究があります。これは、光学写真のネガを重ね合わせて焼き付けることによって何人かの顔を合体させた顔を作り出す技術です（ゴールトン、１８７９）。

ゴールトンが当初興味を持っていたのは、殺人や強盗を犯した犯人たちの写真を瞳の位置で重ね合わせて合成写真を作り出すことでした。彼は、このようなことによって悪人の本質的な特徴が明らかになると考えたのでした。普通に考えれば、悪人の写真だけを次々に合成していけば、その顔はどんどん凶悪なものになっていき究極の犯罪者顔が作り出されると考えられます。ところが、彼が実際にこの研究を行ったところ、予想外のことが発生しました。写真を重ね合わせていくに従って、つまり多くの顔を合体させるほど、それぞれの顔はだんだん犯罪者らしくなく、「ハンサム」になっていったのです。

では、写真を重ね合わせるとそこでいったい何が起こるのでしょうか。何人もの顔を重ねるとそれぞれの顔の共通する部分は濃くなり、共通しない部分はだんだん薄くなっていきます。たとえば、ほくろなどはその人独特の位置にあることが多いわけですが、これは写真を重ねていくとどんどん薄くなって消失してしまいます。一方、目や口などは同じ位置にある場合、その部分はどんどん濃くなっていきます。結果として個性は消失していき、平均的な部分がどんどん強調されていきます。つまり「平均化」されていくのです。

ゴールトンはこのことから、人間の顔は平均化すればするほど「ハンサム」「美人」になっていくという仮説を提唱しました。これが美人やハンサムに関する初めての科学的な仮説です。これを「平均顔仮説」と呼ぶことにしましょう。

ちなみになぜ平均顔が美人になるのかについては、当時、次の2つのことが考えられました。一つは「平均的な顔はよく目にするのでだんだん慣れ親しんできてよく見えるようになる」という仮説です。心理学では、よく目にするものはただそれだけでポジティブな印象が形成されやすくなるという「単純接触効果」というものも知られていますので、この説も十分検討に値します。

また、もう一つの仮説として、進化論的な説明も提案されました。これは、顔が平均から大きくずれているということは、なんらかの突然変異を持っているシグナルになっているという考え方です。突然変異はだいたいが有害なものなので、このような突然変異をあまり持っておらずマイナス点のない個体、つまり平均的な顔を魅力的だととらえ、そのような相手を配偶者として選択する個体が、結果的に淘汰《とうた》されずに進化的に生き残ってきたという仮説です。

平均顔仮説の諸研究

さて、もちろん、たくさんの顔を重ね合わせたらなんとなくハンサムになったとか美人になったとかいうだけでは、科学的な研究にはなりません。実際に多くの人にとってこのように見えるのかを、確認する必要があります。

図 4-01 顔の重ね合わせと顔の魅力度評定値の関係
(Langlois & Roggman, 1990)

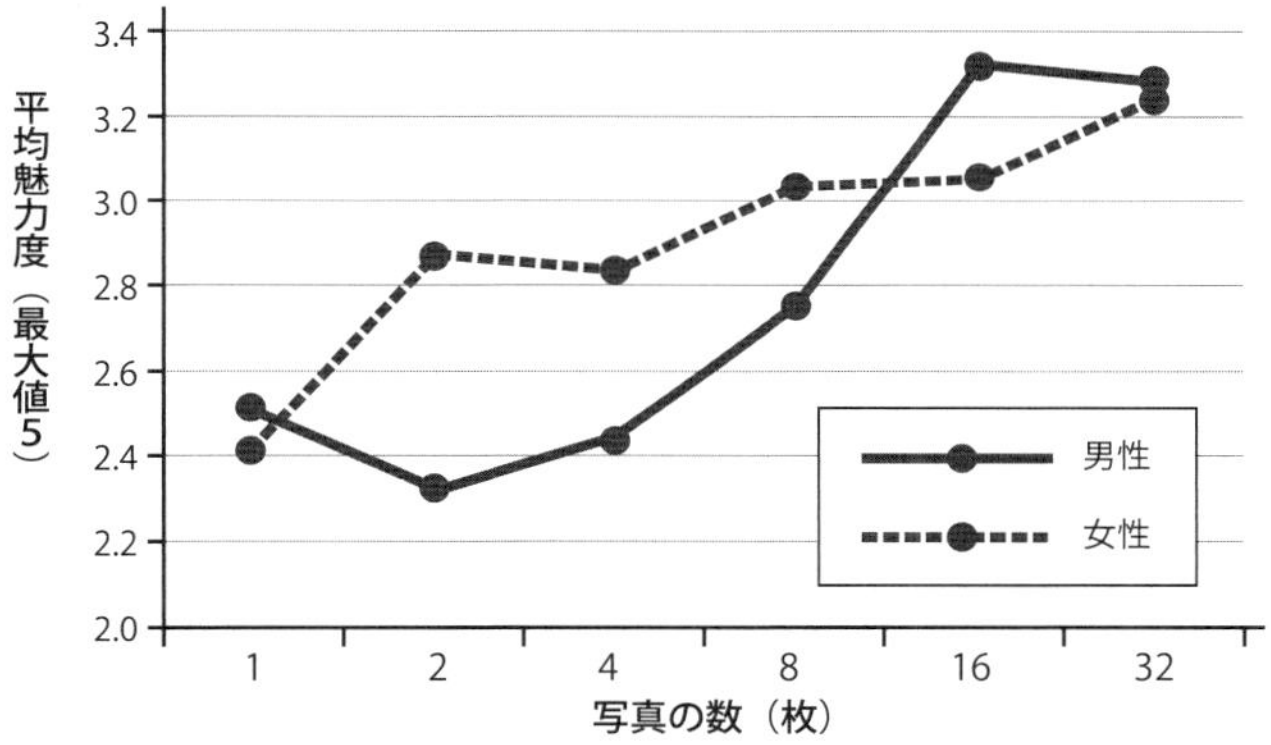

たとえば、ラングロワとログマン（1990）は「魅力的な顔は単に平均的な顔である」という名前の論文でこの現象を実証的に検討しています。この研究は、1980年代から90年にかけて行われたものですので、ゴールトンが行ったような光学的な写真の重ね焼きではなく、もっと優れた方法であるコンピューターによるデジタル処理で平均顔が作られました。彼女らは男女96人ずつの顔写真を用意して、それらをコンピューターに取り込み、それぞれの写真を512×512のマトリクスに区切った後、複数の写真のそれぞれのセルを平均化するという方法で平均顔を作りました。平均顔は2

枚、4枚、8枚、16枚、32枚の写真を平均化したものが作られました。これらの写真を大学生男女の評定者に見せて、その魅力度について、1＝とても魅力的でない〜5＝とても魅力的である、まで5段階で評定させました。

その結果を【図4－01】に示します。重ね合わせる顔が多くなればなるほど、魅力度の評定が高くなっていくことがわかります。

また、日本人を対象にしてこの実験を行ったものとしては、ローズら（2002）の研究があります。この研究では、個人の顔と2人、5人、10人、20人、30人の日本人女性の平均顔の魅力度を、日本人の実験参加者がやはり5段階で評定しました。

この実験の結果を【図4－02】に示します。やはり、同様にたくさんの顔を重ねていくほど魅力度が高くなっていきました。

我々も法政大学や東京女子大学などの心理学科の学生の協力を得て、男女3人、6人、12人の平均顔を作成してみました。

これを【図4－03】に示してみます。やはり次第に美人・ハンサムになっていっているのではないでしょうか。

図 4-02 顔の重ね合わせと魅力度評定値の関係（日本人）

(Rhodes et al., 2002)

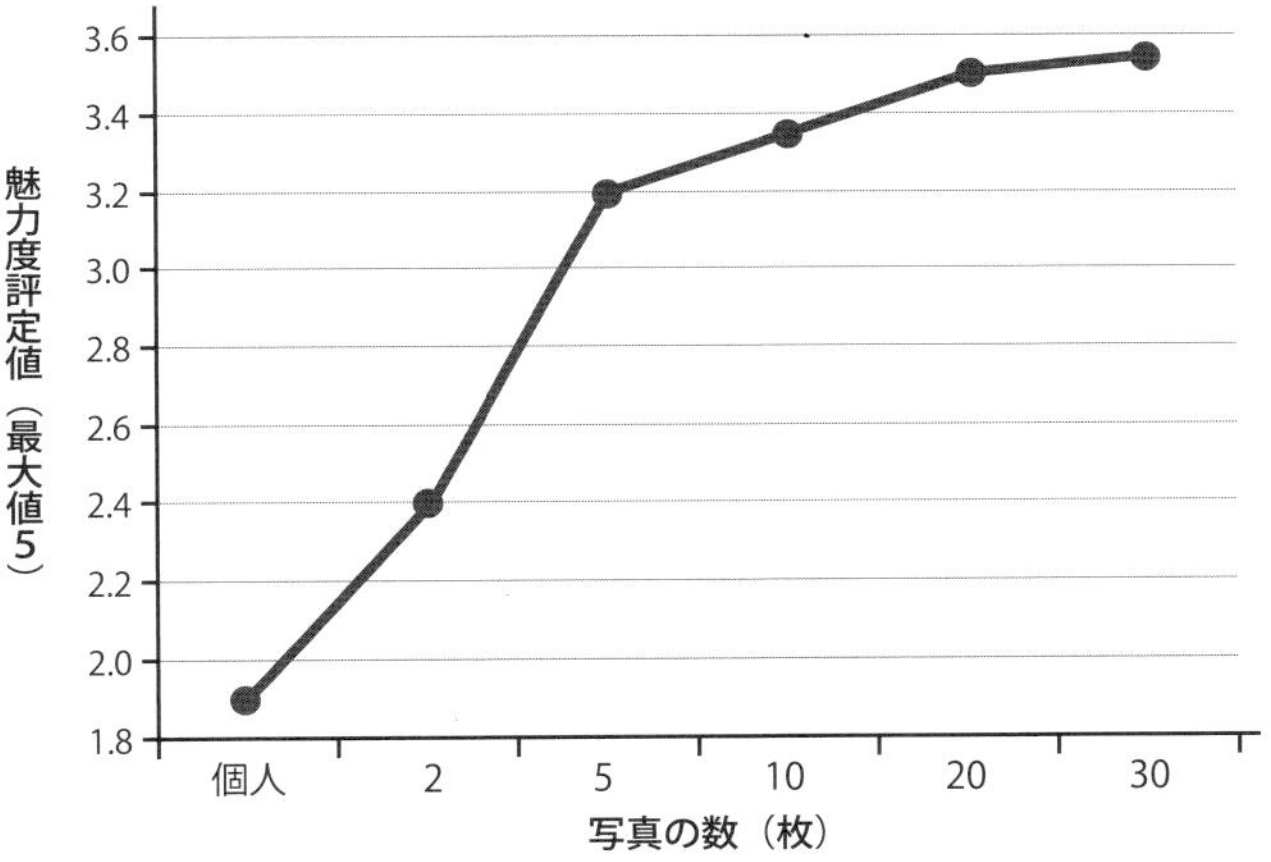

図 4-03 平均顔の例

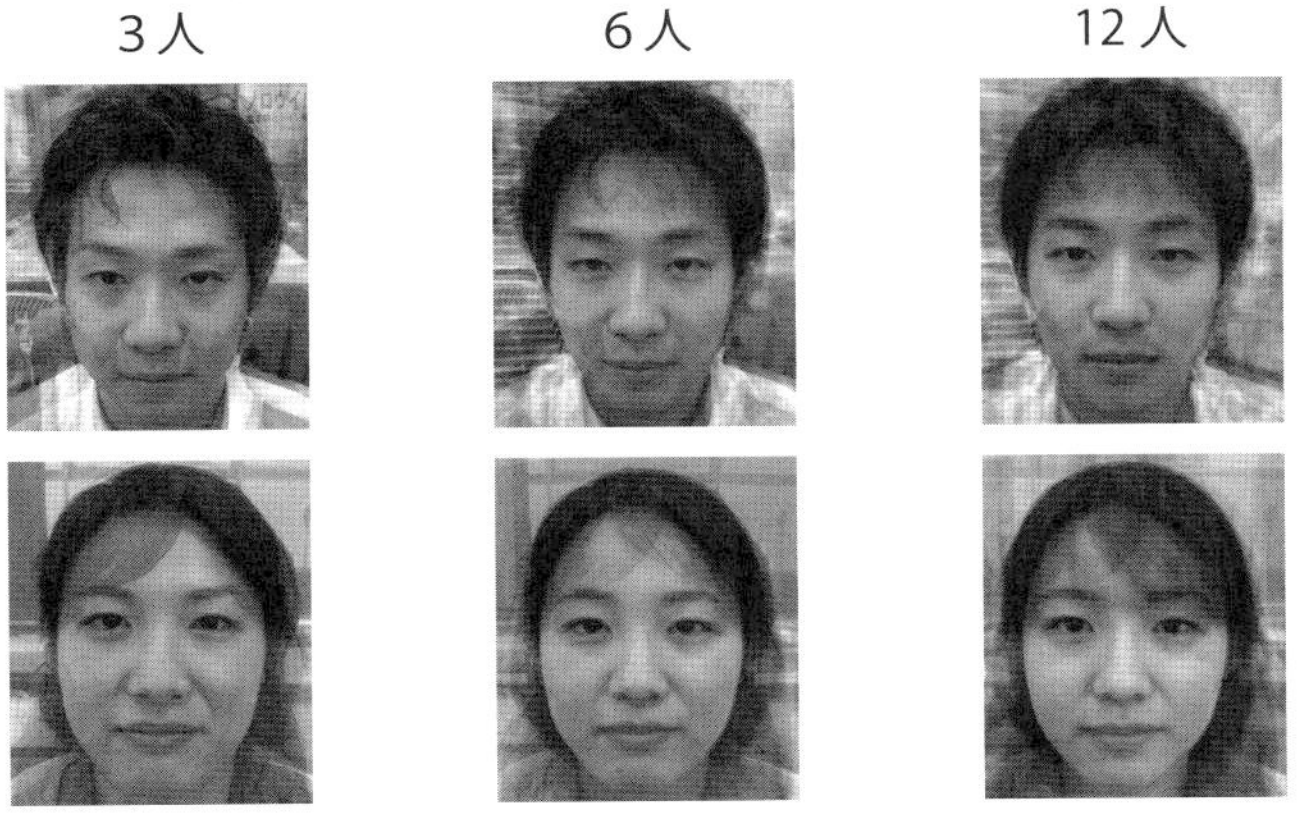

02

対称顔仮説とお肌すべすべ仮説

平均顔仮説に挑戦する仮説

さて、ネット上で「平均顔」を検索してみると、さまざまな平均顔が見つかります。これらの顔はだいたいみな「美人」や「ハンサム」になっています。また、顔写真を重ね合わせて平均化するソフトウェアやアプリも何種類か公開されています。これらのソフトを試してみると、個々の顔よりも足し合わせた顔のほうが、ほぼ確実に美人やハンサムになります。[01] 興味深いことに「かなり魅力的でない顔」を何人も足していくだけで、魅力的な顔を作ることもできます。この効果は圧倒的で、平均顔仮説は美人・ハンサムを説明するための相当強力な仮説であることが実感できます。

対称顔仮説

しかし、本当に平均顔仮説だけで、美人・ハンサムのすべてを説明できるのでしょうか。

[01] もっとも有名なウェブページとしてグラスゴー大学の Face Research Lab（facelab.org）があります。ここには平均顔を作るデモンストレーターもあります。

このあたりの問題に対して疑問を持っていろいろな対立仮説を出していくのが、学問の役割です。そして実際、「平均化」が問題ではなく、別のものが重要なのだという仮説が現れてきました。そのうちの一つが対称顔仮説です。対称顔仮説はもちろん、顔の「対称性」が魅力には重要だという説です。

我々は、左右対称など対称なものを見ると、非対称のものを見たときよりもそれを美しいと感じます。このような対称性への選好は「もの」でも生じますが、もっともよく生じるのが生き物に関する刺激です。そしてとくに「顔」に関しては微妙な対称性やその乱れでも人間は無意識的に素早く検出でき、対称的なものを魅力的だと感じることがわかっています。

ここでは、ローズら（１９９８）のグループの研究について見てみましょう。彼らは男女の顔にコンピューター処理を行って、もとの顔（オリジナル）、やや対称性を高めた顔、さらに対称性を高めた顔、完全に対称にした顔の４種類の顔を作成、呈示してそれらの魅力度について実験参加者に10段階で評定させました。その結果、【図４－04】のとおり、対称性の度合いが高まるほど顔は魅力的だと判断されることがわかりました[02]。

また、リトルら（２００７）はこのような対称性を増すことによる魅力度の向上が、タ

[02] ただし、対称性が魅力を高めるのは男性だけであり女性の魅力は高めないという研究もいくつか存在します（ガンゲスタッドら、1994）。

図 4-04 顔の対称性と魅力度との関係 (Rhodes et al., 1998) ⓪③

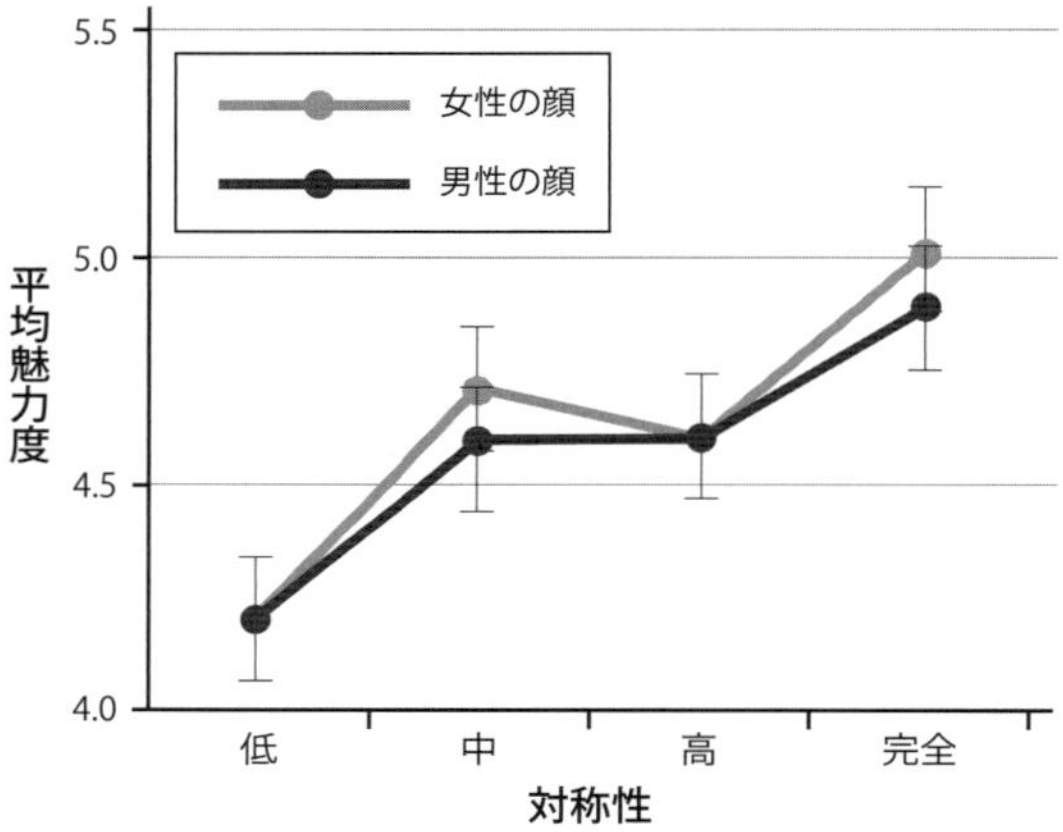

ンザニアの狩猟民族の顔でも生じることを明らかにしました。このように対称性が顔の美しさを高めているのは確かだと思われます。女性が化粧をする場合、左右対称になるように気を使いますが、これは対称性の原理を利用しているわけです。未開民族などが顔やボディにする装飾の多くが左右対称になっているのは、魅力を上げることと関連していると指摘する研究者もいます（カーディナスとハリス、２００６）。

対称顔がなぜ好まれるのか

さて、ではなぜ対称顔が好まれるのでしょうか。この理由としては２つが考え

⓪③図の中で ⫯ で示されている部分は「エラーバー」と呼ばれます。これは、データのばらつきを示す指標です。幅が大きいほど誤差が大きいことを示します。具体的には、95%信頼区間、標準誤差、標準偏差などの値を示します。

られています。一つは知覚仮説です。左右対称のものは左右非対称のものよりも単純で、認知的な労力を必要とせずに認知することが可能です。そのために人はこれを美しいと感じるようになったというのです。

もう一つは進化仮説です。人間やそのほかの動物でもそもそもの形態は、左右対称です。したがって、左右対称性が崩れているということは何かの問題がそこに生じているという可能性を示唆します。たとえば、脳障害になったりケガをしたりすると我々の左右対称性が損なわれやすいのはその一つの例です。ということは左右対称の顔や身体は健康であり、適応度が高いことを示すシグナルになっている可能性があります。実証的にも対称な人のほうが、健康度が高い、免疫機能が良い、妊娠可能性が高い、知能が高い、老化に伴う知能低下が少ない、染色体異常が少ない、寄生虫に対する耐性が強いなどのことが示されています（シャイブら、１９９９、ローズら、２００１）。そこで、このような顔に魅力を感じ、配偶者として選択する個体が、結果的により優れた遺伝子を持った子どもをたくさん作ることができ、淘汰されずに進化的に生き残ってきたからだというのです[04]。

1
2
3
4
5
6
7
8
9
10

[04] しかし一方で、対称性＝適応のシグナルというこの説には、とくに動物学者による反論もなされています。

図 4-05　刺激の正立・倒立が対称顔への選好に及ぼす影響
(Little & Jones, 2003)

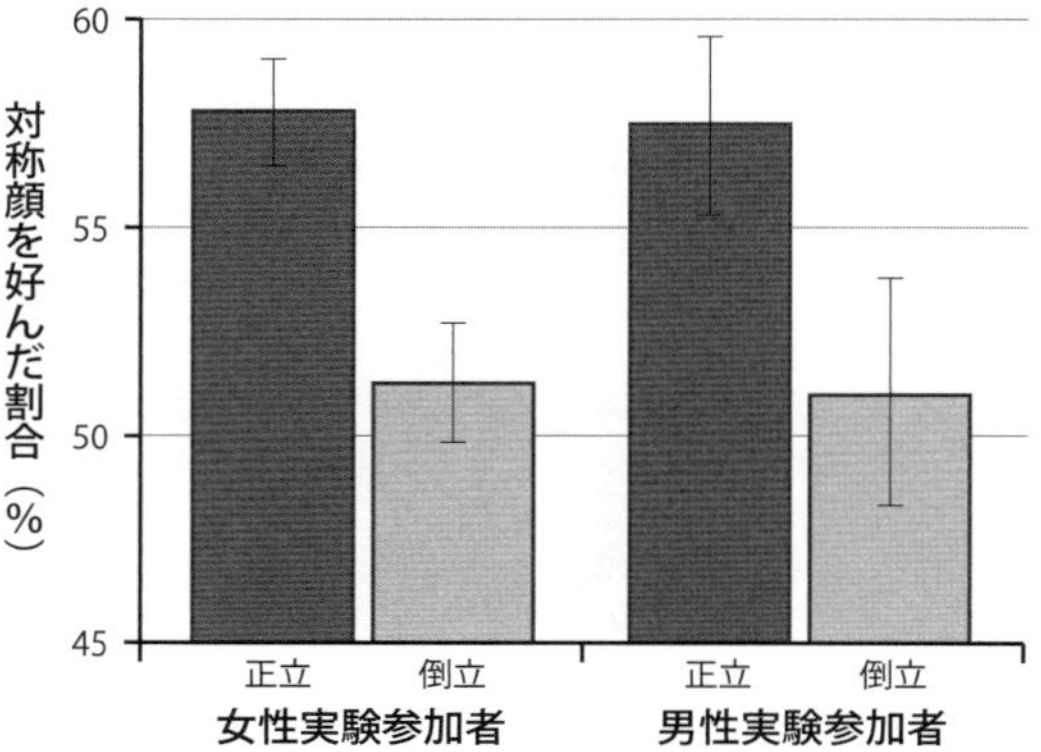

対称性選好の知覚仮説と進化仮説はどちらが正しいのか

では、対称性選好現象の知覚仮説と進化仮説はどちらが正しいのでしょうか。

これを明らかにする方法の一つとして、リトルとジョーンズ（２００３）が考えたのが、次のような実験です。彼らは完全に対称な顔と少しだけ非対称な顔を用意し、それらを同時に呈示して、実験参加者にどちらの顔のほうが魅力的なのかを素早く判断させました[05]。その結果、もちろん、いままで明らかになったように非対称的な顔よりは対称的な顔のほうがより魅力的だと認知されました。

ところが、この顔の呈示を倒立して、

05 対称顔と非対称顔に選好の差がなければ、五分五分なので 50%の割合で対称顔が選ばれることになります。これよりも多く選ばれれば、対称性に選好があることになります。

1
2
3
4
5
6
7
8
9
10

つまり頭が下になるようにして呈示すると、対称性への選好は消失してしまいました。つまり対称性への選好は正立した顔だけに存在し、倒立した顔には存在しないのです【図4－05】。対称性選好が「正立した顔」という特殊な刺激だけに成り立つという現象は、知覚仮説では説明できない結果です。知覚仮説では対象によらず対称への選好が生じると考えられるからです。

「対称顔仮説」対「平均顔仮説」

では、対称顔仮説と平均顔仮説ではどちらが正しいのでしょうか。

対称顔仮説陣営からは、次のような主張ができます。「平均化」すると顔が美しくなるように見えるのは、じつは平均化したことが重要なのではなくて、平均化することによって顔が対称になったことが重要である。我々の顔は多かれ少なかれ非対称な部分を含んでいるのだが、多くの顔を平均化していくと、そのアンバランスさは次第に打ち消されていって対称になっていくからだ、というものです。

このどちらの説が決定的かを判断するのはあまり難しくありません。完全に対称だけれども美しくない顔を作り出すことができれば、平均顔仮説に軍配が上がるからです。そして、じつはこのような顔は比較的簡単に作り出すことができます。一番簡単に作る方法は、自分の顔（失礼！）の真ん中に鏡を置いて自分の顔の対称顔を作ってみればよいのです。この顔は完全に対称ですが、おそらくそれほど美しい顔ではないでしょう。

つまり、対称化は確かに魅力を増加させる一つの要素かもしれませんが、顔全体の魅力を規定する要因の中では平均化ほど大きな効果は持っていないのです。そのため、我々は対称性を積極的に選好しているのでなく、「何か問題がある可能性を持っている」非対称性を回避しているのではないかと考える研究者もいます（ロバーツとリトル、２００８）。

お肌すべすべ仮説

では、平均化、対称化と同等かそれ以上魅力度を向上させる手がかりはほかにはないのでしょうか。この問題を明らかにしたものとしてリトルとハンコック（２００２）の研究があります。平均顔の研究で平均顔を作る場合、多くの顔写真を重ね合わせていくのですが、重ね合わせれば合わせるほど、じつは肌がすべすべになっていきます。写真の重ね合わせによってしわやほくろ、肌のくすみなどがだんだん薄くなっていきますので、最終的にできる顔は、これらの乱れがまったくない顔になっていきます。平均顔が魅力において高い評価を得られるのは、もしかしたらこのお肌すべすべのおかげかもしれません。

そこで、彼らはお肌すべすべの効果と顔の平均化の効果を分離して魅力度を評定させる実験を行いました。用意されたのは、男性の顔で4種類のカテゴリーのものです。1つ目はオリジナルフェイス、これは何も加工されていない男性の顔写真です（A）。2つ目は、これらのオリジナルフェイスの平均顔、もちろんこの顔はハンサムでお肌がすべすべになります（B）。3つ目は、平均顔だけれどもお肌はオリジナルフェイスのものを使用したもの（C）、そして4つ目は、オリジナルフェイスでお肌をすべすべにしたものです（D）【図4－06】。

さて、これらの4つのカテゴリーの顔を見て、魅力度が高い順番に並べるとどうなるでしょうか。もちろん、一番魅力的だと判断されるのは、Bの平均顔です。そして、一番魅力がないとされるのはおそらくAのオリジナルフェイスでしょう。問題は、Cの平均顔でお肌がオリジナルなものと、Dのオリジナルフェイスでお肌がすべすべなものはどうなるかということです。もし、平均化が重要であれば、お肌にかかわらず平均顔の魅力が高くなることが予想されます。また、お肌すべすべが重要であれば、平均化と関係なくお肌すべすべの条件の顔の魅力が高くなることが予想されます。

図 4-06 お肌すべすべの効果と顔の平均化の効果による男性の顔の４種類のカテゴリー（Little & Hancock, 2002）

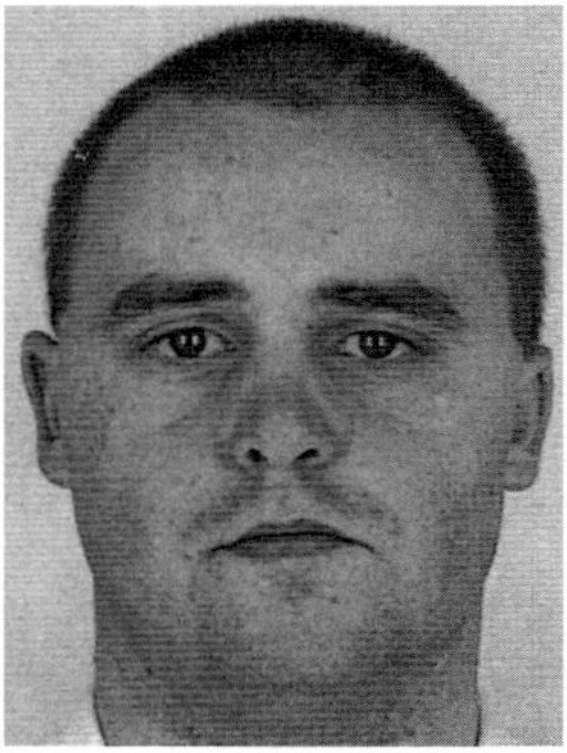

A オリジナルフェイス

B 平均顔＋お肌すべすべ

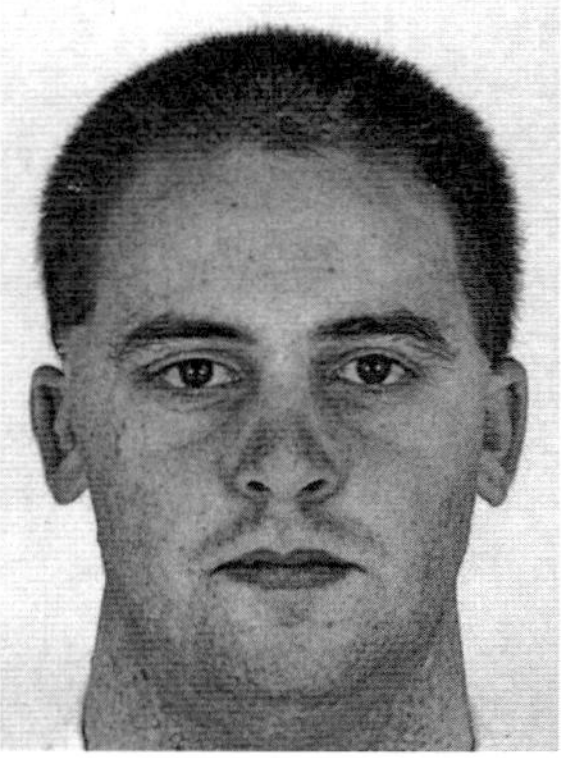

C 平均顔＋お肌オリジナル

D オリジナルフェイス
＋お肌すべすべ

実験の結果、平均顔＋お肌オリジナルは、オリジナルフェイス＋お肌すべすべよりも確かに魅力度は高く評定されましたが、ここには大きな違いは生じませんでした。つまり、お肌すべすべは平均化に匹敵するだけの効果を魅力度に及ぼしていることが示されたのです。確かに女性が行う化粧の最大の目的がお肌のすべすべ感を獲得することなのは明らかですので、これについても多くの人は十分納得することができるでしょう。

女性の肌の質感が、男性が評価する女性の魅力度と密接な関係があるという結果は、コンピューターグラフィックスを使用してさまざまな顔と肌の質感を組み合わせた画像を用いて魅力についての研究を行ったフィンクら（２００１）によっても示されています。彼らは肌の質感が重要なのは、それが女性のホルモンや健康を示すシグナルになっているからだと述べています。

この章のまとめ

美しい顔とは何かについて、いままで調べてきました。ここまでで明らかになったことは、基本的には多くの顔を重ね合わせた平均顔仮説が、美人やハンサムを説明するためには重要だということです。また、お肌のすべすべ感は造作の問題とは違うので軽視されがちですが、じつは平均化に匹敵するくらい顔の美しさを規定していました。なお、対称性は確かにある程度魅力度を上昇させる効果は持っているのですが、それ自体が決定的に魅力を決める要因ではないということも示されました。

第5章

スーパー平均顔よりも美人な顔とは

01
スーパー平均顔よりも美人を見つける

スーパー平均顔よりも美人はいるのか

顔の魅力を決める要因として平均化が重要な役割を担っているということがわかりました。では、究極の美人・ハンサムとはどのような顔になるのでしょうか。もし、平均顔仮説が決定的に重要な要素だとすると、できるだけたくさんの顔を使用して作成した「スーパー平均顔」は、これ以上の美人はいないほどの「スーパー美人」になることが予想されます。本当にそうなるでしょうか？

平均顔の研究を行っていると、すぐ気づくことがあります。それは、多くの顔を平均化していくと確かにどんどん美人にはなっていくのですが、ある程度、おそらく20人くらい足し合わせると、もはや上限に達してこれ以上魅力的にならなくなってくるということです。第4章で挙げた日本人の顔を用いたローズらの研究では、5段階で平均顔の魅力度が評定されましたが、30人の顔を合計した段階で3・55程度の魅力度で、もはや上限に近づいてきているように見えます。おそらくこれ以上顔を足していっても、魅力度が４以上になることはないでしょう。しかし、実際に５点満点で平均４点がつけられるような顔が世の中にないということはおそらくありません。とすると平均顔仮説だけで美女やハンサムを説明し尽くすことはできないということになります。

スーパー平均顔よりも美人を見つけるための方法

問題は、とてもたくさんの顔を平均化して作られたスーパー平均顔よりも、誰もが一致して「美人だ」と判断するような顔を探し出してくることです。では、このような顔をどうやって見つけてくればいいのでしょうか？　自分で平均顔よりも美人だと思った顔を持ってきて、他の人にも見てもらえばよいでしょうか。確かにこのような方法でよいのですが、平均顔は意外と強敵です。自分で平均顔よりもこっちのほうが美人だと思った顔であっても、何人かに見てもらうと意外と平均顔のほうが勝ってしまったりします。とくに身近な人の顔で平均顔以上の顔を探し出すのはなかなか難しいです。

そこで考えられた方法が「美人コンテスト平均顔」の作成という方法です。これは美人コンテストで優勝した人の顔、つまりもともと美人だと判断された人の顔をたくさん持ってきてその平均顔を作るという方法です。この方法で、平均顔よりも誰もが美しいと思う顔を作り出したのが、カニンガム（１９８６）です。

スーパー平均顔の秘密

その後、いろいろな研究者や一般の人々によって、さまざまな美人コンテスト参加者の平均顔、ハリウッド美人女優平均顔が作られ発表されてきました。これらの顔はほとんどの場合、単に多くの人の顔を平均化した「スーパー平均顔」よりも美しくなります。日本でも「モーニング娘。」平均顔や「ＡＫＢ48」平均顔が作られネット上で公開されていますが、心理学の論文に載っている一般大学生の平均顔よりも美人であるのは明らかです。

では、このような顔はどういう点で、スーパー平均顔と異なっているのでしょうか。この問題を検討するためにカニンガムは、美人コンテスト平均顔とスーパー平均顔の各パーツの高さや幅を測定し、それらを比較する研究を行いました。

その結果、美人コンテスト平均顔は、スーパー平均顔よりも「目の上下幅が大きい、目の左右幅が大きい、目の間の距離が長い、ほお骨の位置の顔の幅が長い、目から眉毛までの距離が長い、瞳孔が大きい、あごの長さが短い、鼻の面積が小さい、ほおの幅が狭い」

図 5-01 幼型化顔の例

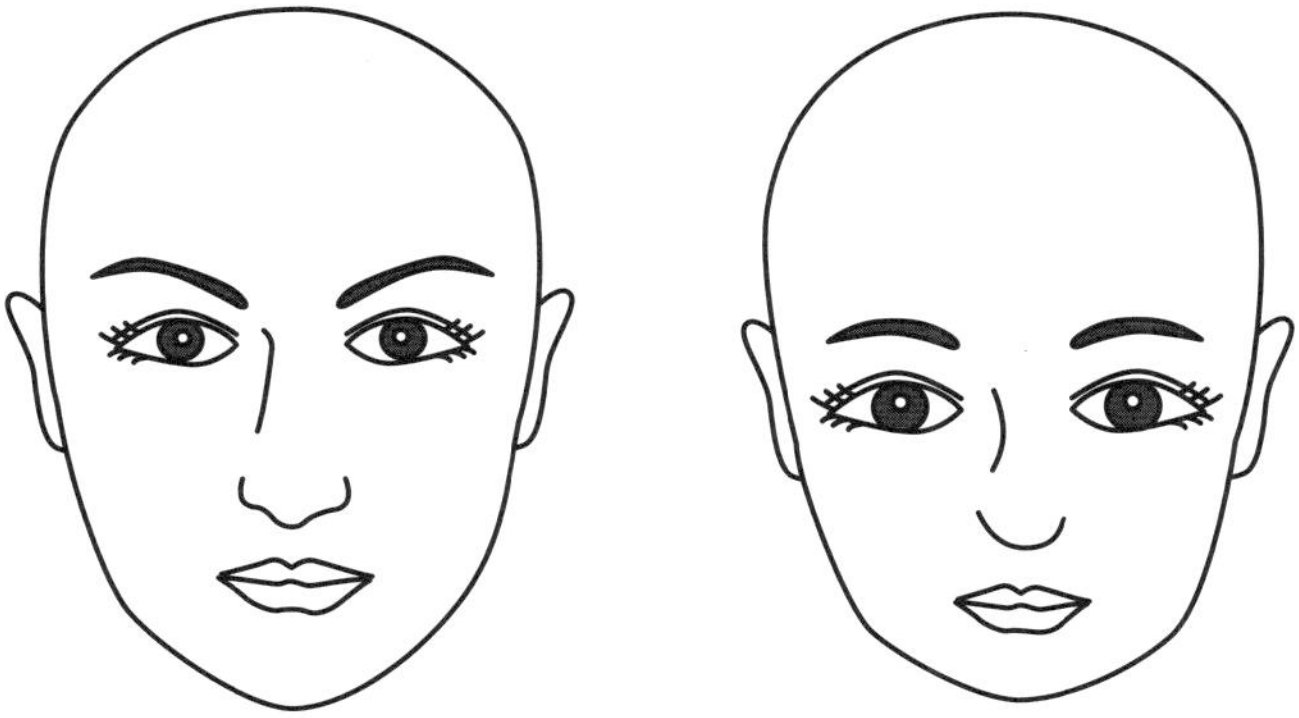

普通の顔　　幼型化した顔

などの特徴を持っていることがわかりました。このようにリストで示されるとこれは一見何のことかわからないですが、じつはこれらの特徴は全体としてある傾向を示しています。それは「幼型化」【図5-01】です。

我々の顔の形は、生まれてから成人するまでの間に大きく変化します。その変化は主に顔の下半分が大きくなっていくという方向性を持っています。上記の変化はこれと逆行するもので、基本的に、顔の上半分を広くして、顔の下半分を小さくする方向性を持っています。つまり若返りの方向性です。このように顔の特徴を幼型化することによって魅力度を高めることができるという説を「幼型（ネオテニー）化仮説」といいます。

イタリアの美人を測定する研究

同様な研究はイタリアでも行われています。スフォルツァら（２００９）は、イタリアの18歳から30歳までの健康な女性71人（これをノーマル群とします）と、２つの美人コンテストの出場者から選択された24人の魅力的な女性（これを美人群とします）の顔面に50個の測定点を設置し、その間の距離などを細かく測定しました。そして、ノーマル群と美人群のどこに違いが現れるかについて検討しました。

その結果、額や顔の上部構造が大きいこと、下あごが小さいこと、顔全体が円形であること、唇が厚いことなどが検出されました。これらの特徴の多くも幼型化を示しているものです。

超女性顔は超モテるのか

さて、美人コンテスト平均顔を作るということのほかに、もう一つスーパー平均顔よりも美人を作る方法があります。それは、超女性顔を作るという方法です。

図 5-02 **超女性顔の例** (蛭川 , 1993)

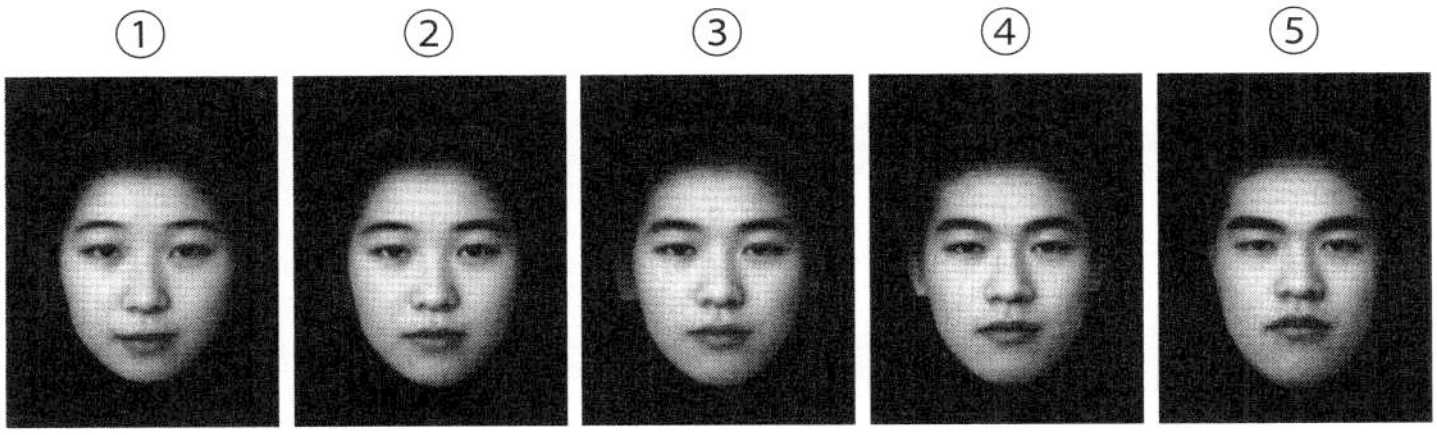

②、④は男女それぞれの平均顔画像。
③は男女合わせたすべての平均値。
①は②と④の差をとって女性側に2倍強調した超女性顔。
⑤は逆側に2倍強調した超男性顔。

多くの男性の顔を集めて男性の平均顔を作ることができます。一方で、多くの女性の顔を集めて女性の平均顔を作ることもできます。この男性の平均顔と女性の平均顔をさらに平均化すると、性別に関係ない男女合わせた平均顔ができあがります。男女合わせた平均顔はソフトな感じの中性的なきれいな顔になります。

さて、この男女合わせた平均顔と女性の平均顔の間の差を計算し、その差を拡大した顔を作ると、女性らしい特徴が拡大された顔ができます。この顔を「超女性顔」といいます。この超女性顔も、女性平均顔よりは美しくなるのが普通です(ローズら、2000)。

日本でも、蛭川《ひるかわ》（1993）が大学生のモデルを使って超男性顔、超女性顔を作っています【図5－02】。授業でこの写真を見せて、男子学生に「どの人が一番美人か」と聞くと、確かに圧倒的に①が人気があります（一方、女性に人気があるのは⑤でなく③や④なのですが、その謎については第6章で解明します）。

このように作られた超女性顔の特徴を見てみると、あごが小さくなり、目が大きくなり……などやはり幼型化していることがわかります。

なぜ女性は甘えるときにちょっと上目遣いになるのか

ところで、女性が男性にこびたり甘えたりするときに「少し上目遣いに見る」という行動をとることがあります[01]。なぜこういうことをするかは、幼型化仮説から見るとよくわかります。上目遣いに見ると相手から見て、相対的に額が大きく見え、あごは小さく見えます。つまり幼型化特徴が強調されるわけです。そのために幼型化仮説が正しいとすると、この動作によって顔はより魅力的に見えるようになる可能性があります。また、顔のダイエットでもとくに問題にされるのはあごや顔の下半分を引き締めることです。これも幼型化効果を狙ったものだと思われます。

[01] 最近ではプリクラを撮るときに、上目遣いになりあごを引き、手でピースサインを作って顔に寄せて、顔の下部があまり写らないようにすることによって「可愛く」写るテクニックが使われています。これも同じメカニズムによるものだと思われます。

02

口の大きさをめぐる謎

ジュリア・ロバーツの口はなぜ大きい?

ただし、カニンガムの研究では一つ奇妙な結果が得られています。それは口の大きさについてです。口が大きいほど美人に見える傾向があるというのです。この傾向はけっこう一貫しており、スフォルツァらの研究でも検出されています。しかし幼型化仮説によれば、あごなどの顔の下半分は小さく見える場合に魅力を向上させることになるので、これは矛盾した現象といえます。ただ確かに、考えてみればジュリア・ロバーツのような口が大きな美人女優は少なくありません[02]。どうしてでしょう?

この問題に関しては、幼型化要素とは独立した要因として、口の大きさと魅力が関係しているのではないかと考えられます。

[02] 日本でも山田優さんや新垣結衣さんなど、口の大きな美人タレントは少なくありません。

笑顔でいるとナンパされやすい

この現象を説明する一つの理由は笑顔の効果です。カニンガムの論文でも口が大きいことが魅力を増加させた理由の一つとして、対象となった女性の写真に笑顔の女性が多かったからではないか、ということが挙げられています。とくに女性は笑顔になると魅力が増すことがさまざまな研究で明らかになっています。

たとえば、ゲゲン（２００８）は次のような実験を行っています。標準的な体型・標準的な魅力度の20歳の女性にボランティアとして協力してもらいました。そして、彼女に西フランスの中規模な町のバーに入ってもらいます。実験条件では、彼女は店内に入るとバーのカウンターのところに一人で座っている男性を笑顔で2秒間見つめます。統制条件[03]では笑顔は作らず単に2秒間だけ見つめます。その後、彼女はそれらの男性のそばのテーブルに座って雑誌を読み始めます。ここで、その男性が彼女に話しかけるかどうかが測定されました。合計１００人の男性に対して、この実験を行ったところ、10分以内に彼女に話しかけたのは、笑顔条件で50人中11人、統制条件で50人中２人で、じつに5倍以上の差がありました。「笑顔による魅力増進効果」が生じたのです。

[03]統制条件とは、実験条件と比較するために設定された条件で、明らかにしようとする要因（ここでは笑顔）以外はすべて実験条件と同じ設定にします。

表 5-01 ゲゲンらの笑顔とヒッチハイク研究
(Guéguen & Fischer-Lokou, 2004)

ヒッチハイカーの性別	笑顔条件（400 人）	非笑顔条件（400 人）
男性	9.0%	6.0%
女性	19.0%	10.5%

（%は車を停止させたドライバーの割合）

笑顔でいるとヒッチハイクはうまくいく

笑顔で魅力が増加するという効果はこれ以外にもさまざまな文脈で検討されています。ここでは、ゲゲンとフィッシャー＝ロコウ（２００４）が行った研究を紹介しましょう。ちなみに、このゲゲンは先のバーの実験を行った研究者ですが、ヒッチハイクを用いた研究もたくさん行っています。じつは彼がヒッチハイクの研究で本書に登場するのは３回目です。ブロンドやバストの大きな女性がヒッチハイクに成功しやすいという研究に続いて、笑顔についても同様の研究を行っているのです。

彼の実験方法は難しくありません。標準的な魅力の男子学生２人と女子学生２人が順番にフランスの道路に立って、ヒッチハイクをしました。半数の試行ではヒッチハイカーは笑顔で、半数は無表情でヒッチハイクを行いました。実験の対象となったのは通りかかった800台の車です。研究の結果、男女とも（もちろん女性がヒッチハイクをしたときのほうが成功率は高かったのですが）、笑顔の条件でより多くの車が止まってくれました【表5－01】。

ほかにも、ティッドとロッカード（1978）は、笑顔が多いウェイトレスは笑顔が少ないウェイトレスよりも多くのチップをもらえることを明らかにしています。

なぜ口が大きいことで魅力が増すのか

さて、幼型化という観点から見れば、あごや口は小さいほうがおそらく良いということになります。しかし、口を小さくしてしまうと、今度はこの笑顔による魅力増進効果は使いにくくなってしまいます。また、先に上目遣いが魅力を向上させる可能性があるという話をしましたが、上目遣いをすることによっても口元は見えにくくなってしまいます。上目遣いをすると相手から表情が読み取りにくくなることはミノーとチャウドゥーリー（2003）が実証的に明らかにしています。

しかし、顔全体としては幼型化させつつ、それとは独立に、口を大きくすることができれば、幼型化効果と笑顔による魅力増進効果を同時に働かせることができるので、より効果的に顔の魅力度を向上させることができるはずです。これが、魅力的な顔の口が大きくなっている理由だと考えられます。

Column 03

進化論についてちょっと復習しておきましょう

顔の美しさについては進化論的な説明が有効

そもそもなぜ、幼型的な顔が美人と知覚されるのでしょうか？　この問題についてこれからじっくり考えていくことになりますが、その前に、少し復習しておく必要があるものがあります。それは、中学や高校で勉強してきた「進化論」についてです。ここまでの章でも平均顔仮説や対称顔仮説を紹介するときに進化的な説明が登場してきました。じつは、美人やハンサムに関する現象を説明するためには、そのような進化論的な説明が非常に重要になってくるのです。そこでここでは進化の概念について簡単に復習しておきましょう。

進化論とは何か

いうまでもなく進化論は、イギリスの科学者チャールズ・ダーウィン（1859）が提唱した理論です。

生物は遺伝子という設計図に従って作り出され、自分の遺伝子と配偶者の遺伝子を受け継いだ子孫を作っていきます。ところがこの過程で遺伝子は突然変異を起こすことがあります。この突然変異は方向性を持たずにランダムに起こります。もし、その突然変異によって、その個体が環境に適応しにくくなると、その突然変異の遺伝を持った個体は、遺伝子（子ども）を後世に残しにくくなり、次第に滅びていくことになります。これが自然淘汰です。

一方、その突然変異によって、その個体が環境により適応するようになれば、その個体は遺伝子（子ども）を後世に残しやすくなり、次第にその遺伝子（や子ども）は増えていくことになります。ここで注意しなければならないのは、突然変異が環境に適合するかどうかが重要だということです。同じ突然変異でも、ある環境では適応的で、ある環境では適応的でないということも起こりえます。これが我々の世界にさまざまな種が存在する理由です。

平均顔が選好されるようになったわけ

さて、第４章で平均顔が選好されるようになった理由についての、ゴールトンの説を紹介しました。そもそもこのような顔が選好されるようになったのは、「平均顔は有害な突然変異を持っていない」というシグナルになっていたからだという理論です。有害な突然変異を持っていないということは、その個体との間に子どもを作った場合、より環境に適応した子孫ができる可能性が大きいということを意味しています。

さて、いま「平均的な顔を美しいと感じ、それを持った個体を配偶者として選びがちな」遺伝子があったとしましょう。この遺伝子（を持った個体）は「配偶者の顔にまったく無頓着な」遺伝子（個体）よりも、より環境に適応した子どもを残すことができるわけですから、結果的に、より多くの遺伝子（子ども）を後世に残すことができると思われます。この差はほんの少しであっても、何世代も重ねるうちに、次第に平均顔を美しいと思う個体が増えてくるでしょう。これが、我々が平均顔についての選好を形成した理由だと考えられるのです。

03
幼型化仮説の正体

幼型化仮説は男→女の方向で働きやすい

さて、話を幼型化仮説に戻しましょう。笑顔の効果が含まれる口の大きさを除けば、顔の魅力において幼型化が重要な働きを持っていることがわかりました。では、そもそもなぜ幼型化が魅力を高めるのでしょうか。これを論じる前にまず、この幼型化仮説が持つ重要な制限について見ておくことが必要です。

これを示したのは、ジョーンズ（１９９５）です。彼は、男性と女性の顔の線画を用いて、この顔をカージオイド変換という数学的な変換にかけました。この変換は人間の加齢を比較的うまくシミュレートすることが知られており、マイナスのパラメーターを入れると線画はより若く見えるようになり、プラスのパラメーターを入れると線画はより年齢が高く見えるようになります。ジョーンズはこのようにして変形させた幼型化顔と標準的な顔、そして高年齢化顔を実験参加者に呈示して、その魅力度について評定させました。こ

図 5-03　カージオイド変換が魅力に及ぼす効果（Jones, 1995）

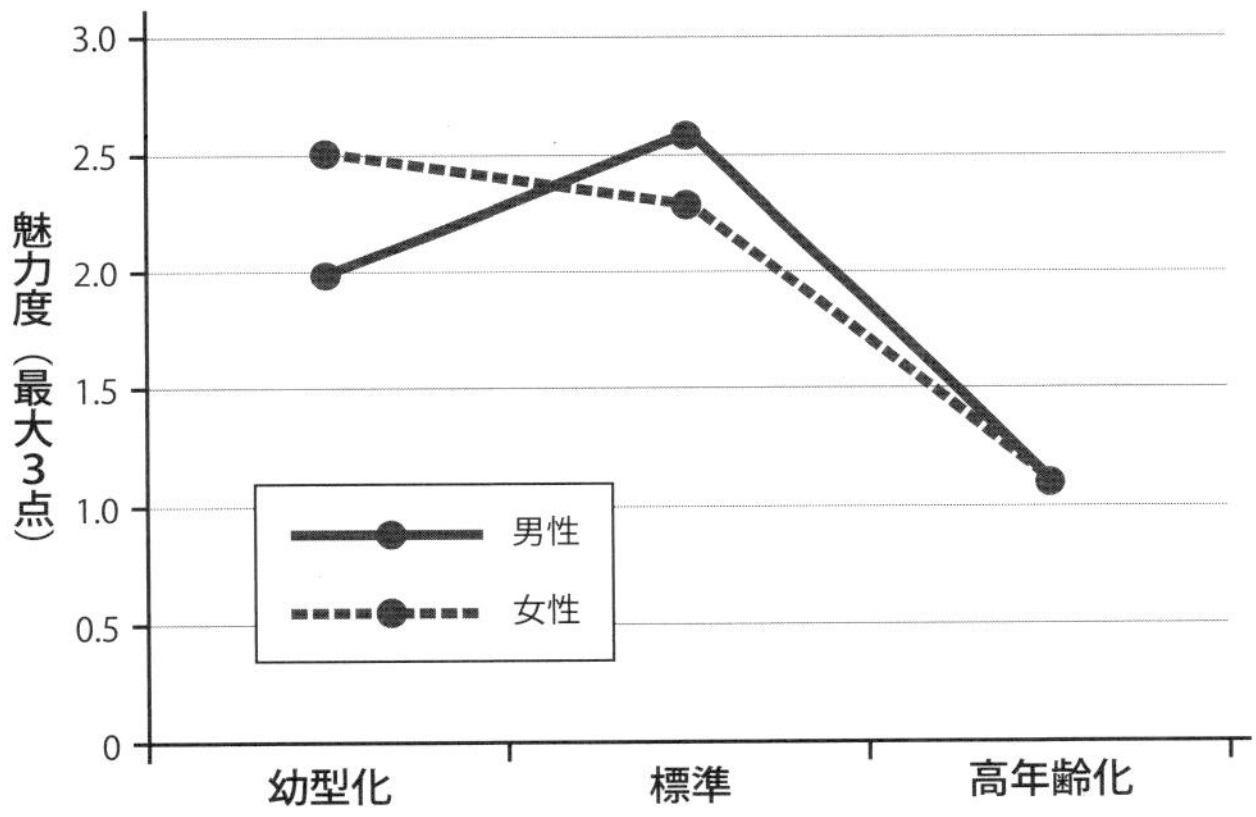

の実験の結果を【図５－03】に示します。[04]

横軸が変換のパラメーター、縦軸が魅力度評定値です。これを見るとわかるように、女性の顔は年齢を若く変換すると魅力度は上がっていきますが、男性は逆に低下していくことがわかります。つまり、幼型化による魅力度上昇の効果は、女性にのみ現れる効果なのです。

同様に、カニンガムら（１９９０）は、魅力的な男性の顔について計量的に分析しましたが、その結果、男性の場合、下顎部が発達しているほど魅力的に認知されるという幼型化とは逆の傾向を発見しています。この結果も、幼型的な特徴が、男性では必ずしも外見的魅力を向上させ

[04] この図はジョーンズの実験のいくつかの条件を平均して、筆者が作成したものです。

るものではないことを示しています。

男性が持っている大きなリスク

では、なぜ男性は、幼型化特徴を持った女性の顔が魅力的に見えるのでしょうか。この問題に関しては、進化的な説明がなされています。つまり、進化を通じてそのような顔が魅力的に見えるようになってきたというのです。より正確にいえば、そのような顔を魅力的だと思う遺伝子を持っている男性が、淘汰されずにより生き残ってきやすかったからだというのです。これはいったいどういうことなのでしょうか？

じつは、男性（人間のオス）は大きなリスクを持っています。それは自分と自分の配偶者の間に生まれてきた子どもが本当に自分の子どもかどうか、わからないというリスクです。よく赤ちゃんを見て「お父さん似」とか「お母さん似」などと言うことがありますが、実際のところ同じ人種の子どもであれば、それほど大きな違いがあるわけではなく、顔から自分の子どもかどうか判断することはできません。そのため、自分のおなかから子どもを産んだ母親は、その子どもが自分の遺伝子を持っている子どもだということは確実にわかるのですが、男性のほうは、本当に自分が父親であるという確証はじつはそれほど高くないのです。しかも、母親になることに比べて父親になるのは、短時間の1回の性交で可能なため、自分の知らないところで母親が浮気をして、別の男性と性交し妊娠していても、男性は気づかない可能性があるのです。

このようなリスクにまったく無頓着だとどのようなことが起きるでしょうか。男性は生まれてきた子どもを大きなコストを払って養育します。もし、その子どもが自分の遺伝子は持っておらず、他人の遺伝子を持っている子どもだとすれば、その養育コストは進化という観点から見れば、無駄になってしまいます。男性は自分の遺伝子を残すことができず、多大なコストだけを強いられてしまうのです。とくにヒトの場合、生まれてくる子どもの数はそれほど多くないので、「自分が育ててきた子どもが自分の遺伝子を持っていなかった」場合の損失はきわめて大きくなってしまいます。したがって、この点に無頓着な遺伝子は、進化の流れの中で次第に淘汰されて滅んでいってしまいます。

自分以外の子どもを作らせない方法とは

そのため、人間の男性はこのようなリスクをできるだけ回避できるように進化してきたと考えられます。では、どのようにすればこのリスクを回避できるでしょうか。

その方法の一つは、なるべく若い個体を配偶者として選択することです。相手の年齢が若ければ若いほど、性的な経験が少なく、それゆえ自分が配偶者として相手を選択した場合に、すでに相手が妊娠している可能性は低くなります。とくに相手がまだ性的な経験がまったくない場合、妊娠している可能性はありませんので、男性としては自分以外の子どもを育ててしまう可能性はより低くなります。このようなことから、若い性経験のない女性を配偶者として選好するという行動が男性側には進化してきた可能性があります。

なぜ幼型的な顔が重要なのか

では、若い個体は何を手がかりに探し出せばよいのでしょうか。ここで手がかりとされるのが顔なのです。我々が他人の年齢を判断するときにもっとも重要な手がかりになるのは顔です。ある程度の年齢までは顔の構造が手がかりになりますし、また一定の年齢以上になると肌の質感、しわや白髪などによって年齢を判断します。これらのことから、男性は、顔が若く見える個体、すなわち幼型化特徴を持った顔を魅力的だと思うようになったのだと考えられます。

確かに、女性は化粧にずいぶん時間をかけますが、そこで行われるのは肌の質感を若くし（赤ちゃんのような肌にする）、しわを隠すことや、白髪を染めることです。これは、まさに老化手がかりを隠して自分を若く見せるための方法であり、これによって女性は魅力的に変身できるわけです。

若さが重要なもう一つの理由

ほかにも女性の選択基準として「若さ」が重要な理由があります。それは、若い個体を選択したほうが（自分との間で）生涯に産むことができる子どもの数が多くなるからです[05]。長期的な関係を形成することを前提として考えれば、将来的にもっとも多くの子どもを産んでくれるのは、いま現在、若い女性です。これに対して性的な関係を一時的なものと考えれば、とくに若い個体を選択する必要性はそれほどありません。妊娠しやすさという意味では、若い個体よりも出産を経験し月経も安定している個体のほうがいいかもしれません。実際に、長期的な関係を形成しないチンパンジーにとっては、若さはあまり性的な魅力とならないということがわかっています。チンパンジーは若い個体よりは成熟した個体に魅力を感じるのです（ミュラーら、２００６）。

[05] ある個体が今後どれだけ子孫を残す可能性を持っているかをRRV（残存生殖価：Residual Reproductive Value）といいます。オスはRRVの高い個体を配偶者として選ぶのが、より適応的です。

自分の配偶者に自分以外の子どもを作らせないための文化

しかし、このように若くて自分以外の子どもを妊娠していない配偶者を得ることができたとしても、その配偶者が浮気をしてしまえば、元も子もありません[06]。そこで、我々は、配偶者を浮気させないためのさまざまな社会的システムを作り出してきました[07]。

たとえば、多くの文化で、結婚した女性はなるべく家から出さないとか、他の男性と接触させない、胸や脚などの性的な刺激になるような部分を露出させない、などの風習が存在しますが、これは気づかない間に自分の配偶者が別の男性の子どもを作ってしまう危険性を回避するために、作り出されてきたものである可能性があります。

日本においても、既婚女性は歯を黒く塗る「お歯黒」という文化が明治時代の初期まで存在しました。お歯黒については虫歯予防のためのものであるといった説などもありますが、もし、そうならばなぜ既婚女性だけがこれをしているのかを説明することはできません。歯が白いことは実証的にも対人魅力を向上させることがわかっている（ショウ、1988）ので、お歯黒のようなわざわざ外見的魅力を低下させるような行為を行うのはそれなりの理由があることが考えられます。その一つは既婚女性の容貌をわざと悪化させて魅

[06] たとえば、鳥類などでは、メスが受精可能な時期にはメスの浮気を防ぐために、オスがその脇を離れずにずっとガードしているというケースもあります。

[07] 長谷川と長谷川（2000）は、家父長制も男性が女性配偶者を独占するために作られたものではないかという説を提案しています。

力を下げ、他の男性から目をつけられたり子どもを作られたりすることを防ぐ目的があったのだと思われます。

なぜAKB48は恋愛禁止なのか

自分以外の子どもを育ててしまうリスクを回避するために、男性は女性を配偶者として選択する場合に、幼型的な顔に注目するようになったのではないかという説を紹介しました。このように考えると、女性は男性から「モテる」ためには、自分自身が他の男性の子どもを妊娠する可能性がないことを男性に伝えることが有効だということになります。そのため、「いまつきあっている人はいない」とか「いままで、あまりたくさんの男性とつきあってきたことがない」と言うほうが、「私は男の子に人気があってモテモテなの」と言うよりも「モテる」可能性がありますが、実際そうなのではないでしょうか？

男性のファンから人気を集めることが重要な女性アイドルにとって、これらの情報の開示が重要になる可能性があります。そのため、女性アイドル業界では、「交際中の男性」の発覚は人気にとって大きなダメージになります。とくに「お泊まりデート」発覚などはきわめてダメージが大きいと思われます。自分以外の男性と「お泊まりデート」をしているならば、自分以外の男性の子どもを妊娠している可能性も上昇してしまうからです。

現在もっとも人気のある女性グループの一つであるAKB48は、「恋愛禁止」の掟《おきて》があることが有名です。恋愛禁止ならば妊娠している可能性はほとんどありません。そのため、男性ファンは「安心して」好きになることができるわけです。実際問題としてファンの多いアイドルやタレントと自分が恋人や配偶者になれる可能性はきわめて少ないか、ほとんどゼロだと考えられます。しかしそれにもかかわらず、このような生物学的なメカニズムが自動的に発動してしまって、愛情の形成に影響してくるわけです。人気を得るためにこの掟はそれなりに重要な意味を持っているといえるのです。

この章のまとめ

本章で明らかになったのは、平均化に加えて目が大きく、顔の下半分が小さいという幼型化という条件が、とくに女性の外見的魅力を向上させるためには重要であるということです。そして、なぜこれが重要になってくるかといえば、それは女性を配偶者として選択する男性が確実に自分の遺伝子を残すために、女性が若いことが重要な意味を持っているからだという可能性が示されました。

第6章

魅力的なからだとは何か

01 魅力的なプロポーションを決めるウエスト

ミス・アメリカの秘密とは

ここまで主に扱ってきたのは顔の魅力の問題でした。しかし、外見の魅力といった場合重要なのは、もちろん顔だけではありません。「抜群のプロポーション」などの言い方があるように、ボディつまり身体形状も重要な要素になってきます。女性が、あるいは男性も、いつもダイエットとシェイプアップを気にかけているのは、この要素の重要性を知っているからだと考えられます。

では、魅力的なプロポーションというのはどのようなものなのでしょうか。この問題について研究者の関心を集めた重要な研究にシン（１９９３）の研究があります。

彼はまず、１９２０年代から最近までのミス・アメリカと『プレイボーイ』のセンターフォールドの女性のプロポーションについて年代別に検討してみました。すると、体重などは時代とともに大きく変化し、軽くなってきているにもかかわらず、ＷＨＲ（Waist-

Hip Ratio）つまり身体のウエストとヒップの比率、いってみればウエストがどのくらいくびれているかどうかの値はきわめて安定していることを見いだしました。これは時代を超えて身体形状の美しさを規定するものが、体重よりもむしろウエストのくびれであることを意味しているのではないかと、彼は考えました。

身体的魅力に大きな影響を与えているWHR

そこで彼は、さまざまなプロポーションの女性の線画を男性に見せて、その魅力度を評定させる実験を行うことにしました。用意したのはWHRの4つの水準（0・7、0・8、0・9、1・0）と体重（90ポンド［約41kg］、120ポンド［約54kg］、150ポンド［約68kg］）の組合せの12個の線画です【図6-01】。彼は、この線画を18歳から22歳の男性106人に呈示してその魅力度を1番から12番までつけさせる実験を行いました。

実験の結果、各線画が第1位になった率と最下位になった率は【図6-02】のようになりました。いずれの体重条件においてもWHRが身体的魅力に高い影響を与えており、WHR＝0.7のときに魅力が最大になっていることがわかります。もちろんもっとも人気があったのは標準の体重である120ポンドでWHRが0・7のときですが、体重が重い群でも

図 6-01 シンが用いた女性の線画の例 (Singh, 1993)

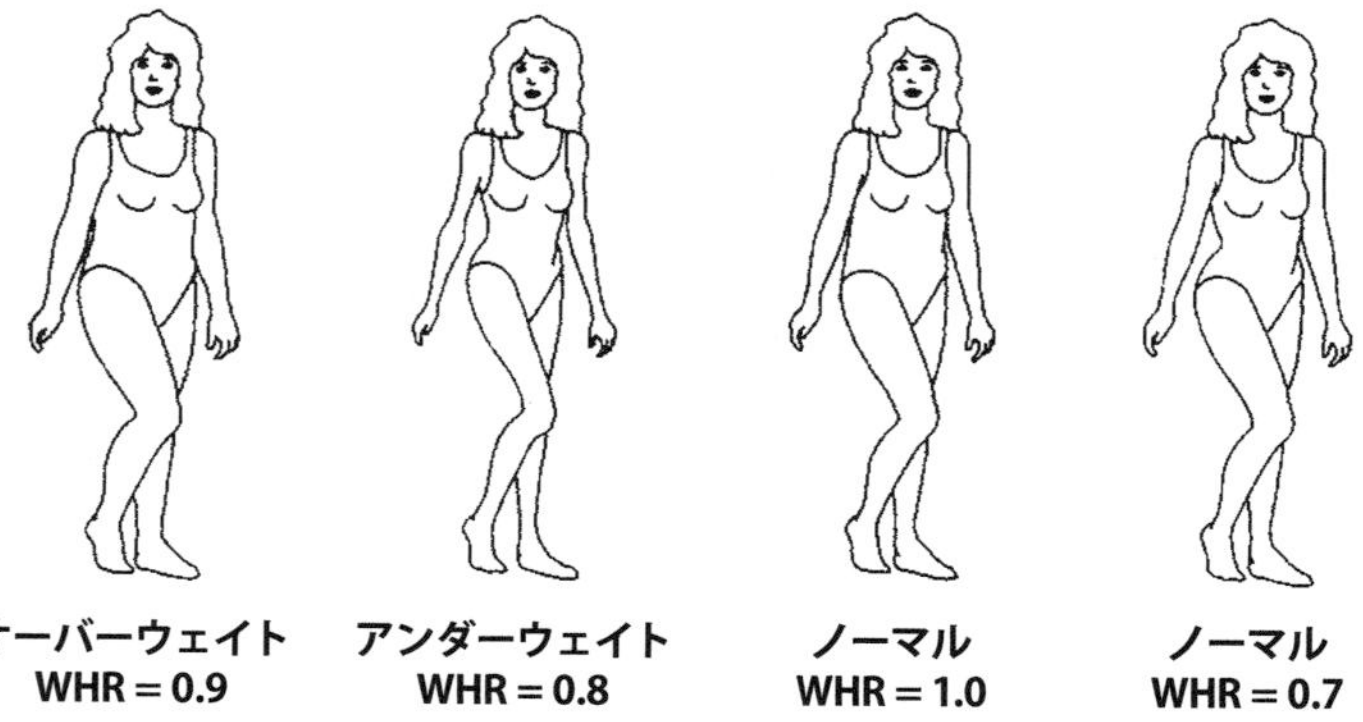

図 6-02 シンの実験の結果 (Singh, 1993)

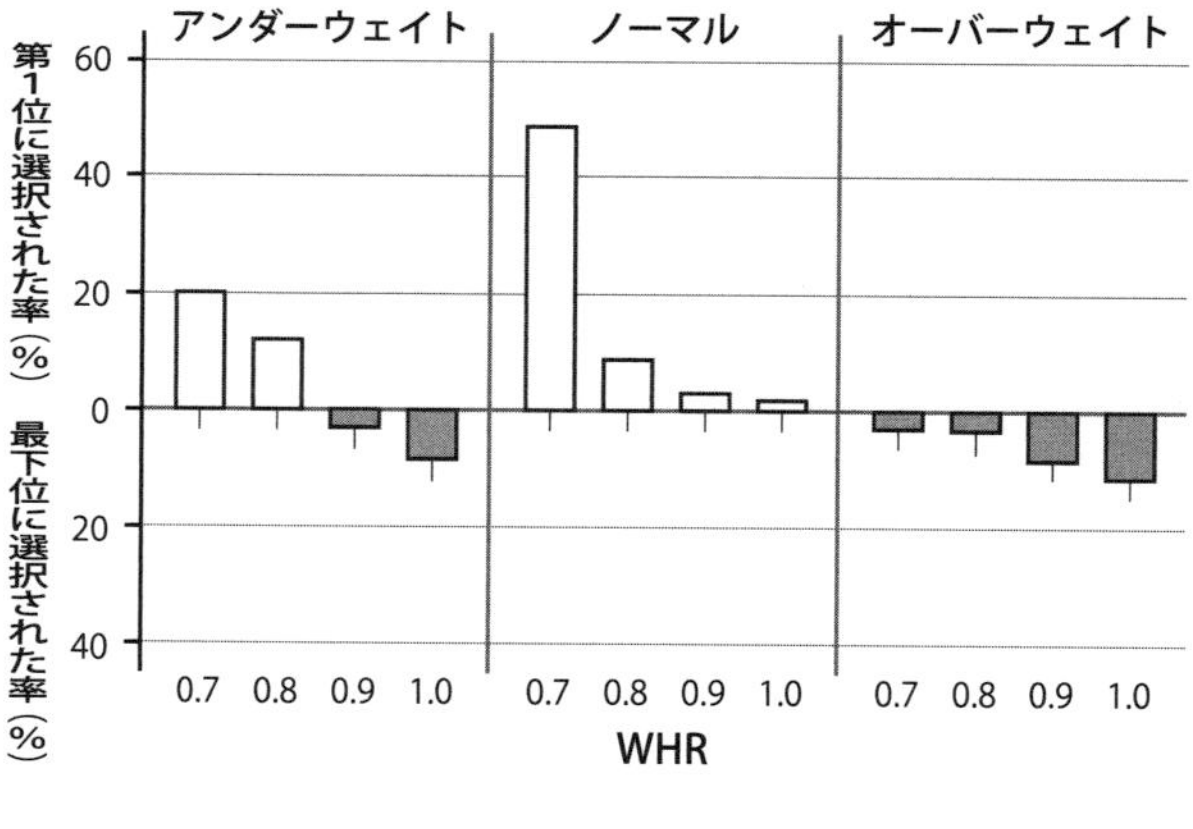

軽い群でもWHRが結果に大きく影響していました。また彼はさまざまな年齢層の実験参加者に対して同様な研究をしていますが、WHRが魅力に大きな影響を持っているというパターンはすべての年齢層、たとえば高齢者でも見られるということがわかりました。[01]

シンの実験で用いられたのは線画の女性でしたが、実際の写真を用いて同様の効果が生じるかを検討したのがヘンス（2000）です。彼は、雑誌やネットから魅力的な女性のポートレートを持ってきて画像処理でWHRを加工し、ウエストがくびれた画像、普通の画像、ウエストがあまりくびれていない画像を作成し、やはりこれらの写真について魅力度を測定しました。その結果、やはりウエストがくびれた写真がもっとも魅力的だと判断されました。

マリリン・モンローのWHRは0・7

一般の女性のWHRはだいたい、0・7の後半から0・8くらいになります。これに対して、有名な女優やモデルのWHRを計算してみると、その値はほぼ0・7になるということがわかっています。たとえば、マリリン・モンローのスリーサイズは94―61―86（B―W―H）でWHRは0・7ですし、『プレイボーイ』のセンターフォールドの掲載モデ

[01] WHR＝0.7のときに魅力が最大となり、それ以下になると魅力は低下します。ウエストがくびれていればくびれているほどよいというわけではありません。

表6-01 AKB48のスリーサイズとWHR（2013年6月現在）

	B	W	H	WHR
チームA	77.4	57.1	84.3	0.68
チームK	79.8	58.9	85.0	0.69
チームB	78.4	58.6	84.4	0.69
元メンバー	80.4	58.1	83.7	0.69
総メンバー	79.0	58.2	84.3	0.69

ルのＷＨＲは、０・６８〜０・７１です。

また、いま日本でもっとも旬な女性グループは、ＡＫＢ48だと思われますが、公称データから算出したＡＫＢのチームごとと総メンバーの平均ＷＨＲは、【表6-01】のように、みごとに０・６８〜０・６９となっています[02]。興味深いのはウエストやヒップの値自体はそれなりの幅があるにもかかわらず、比率は小数点以下２桁まで一致するというところです。

また、シン（２００２）はエジプトやインド、ギリシャ、アフリカの古民族工芸品を分析しています。ある意味、理想像を示すこれらの作品においても女性像のＷＨＲがほぼ０・７になっていることがわかりました。

[02] この表はインターネット、雑誌等の資料をもとに筆者が作成したものです。もちろん公称値をもとに算出しているので実際のところはわかりませんが。

ウエストのくびれは１・３秒で判断される

さて、シュッツウォール（２００６）は、瞬間呈示法を用いてウエストのくびれが魅力に及ぼす実験を行いました。やせている・普通・太っているの３つの体重レベルと、０・５、０・７、０・９のＷＨＲの３つのレベルの９種類の女性の線画が用意され、このうちランダムに組み合わされた２枚の線画が実験参加者に瞬間的に呈示されました。実験参加者は全員が男性で、呈示の直前に「どちらが魅力的か」「どちらが健康的か」「どちらが生殖能力が高いか」「どちらが妊娠していそうか」の４問の質問がこれもまたランダムに与えられており、できるだけ素早く判断してボタンを押すことが求められました。

この実験の結果、シンらの仮説どおり、ＷＨＲは判断に大きく影響しており、ＷＨＲが０・７の場合にもっとも魅力的で、健康的で、生殖能力がありそうだと判断されました【図６－03】。また、妊娠している可能性については、ＷＨＲが小さいほどその可能性が低く判断されました。

判断時間を見てみると、WHR＝0.7のときがもっとも速く判断され、判断に要した平均時間はわずか１・３秒でした。これは、男性が女性を見るとき、まさに一瞬でＷＨＲの

図 6-03 各基準ごとに選好されたWHRの比率
(Schützwohl, 2006)

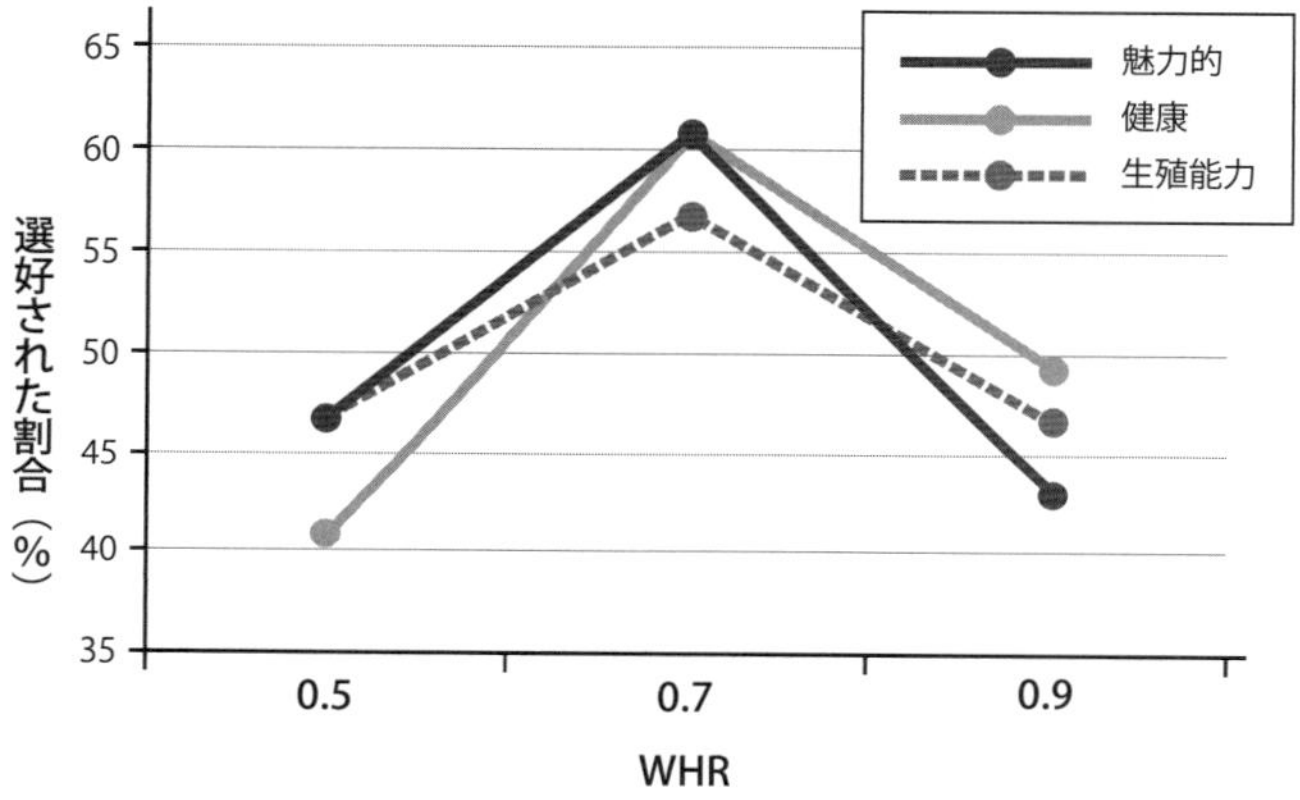

値を判断できることを意味しています。また、判断時間と魅力評定値は高く相関（r＝－0.85）しており、魅力的であると認知されればされるほど、速く判断がなされたことがわかりました。

ファッションとウエストのくびれ

このようなWHRの小さい女性への選好はファッションとも関係しています。ファッションは、女性の魅力を高めたり引き出したりするツールだと考えられるからです。

実際、女性のファッションはウエストのくびれを見せ、それを強調することを常に意識してきました（もちろん、体の線を見せないファッションが流行したこともありますが、必ず反動はやってきました）。ウエストを過度に締め付けてバストとヒップを強調するコルセットはその代表的な例です。これ以外にも上着の丈を短くすることやローウエストのパンツやスカートも、ウエストが細いことを見せるためのファッションであると考えることができます。そして、いわゆる「へそ出し」ファッションも重要なのは「へそ」が出ているということでなく、細いウエストを見せるためのものだと考えられるでしょう。もちろん、これらのファッションを作り出した人が、このような生物学的なメカニズムを把握して意識的にやっているわけではないのですが、結果的にそのような形状が作り出されてしまっているわけです。

なぜウエストがくびれていることが魅力になるのか

しかし、なぜウエストがくびれていると魅力的に見えるのでしょうか。これに関しても幼型化説と同様に、進化の観点から説明がなされています。つまり、男性が女性配偶者を選択する際、ウエストがくびれている相手を魅力的だと感じて選好したときに、より多くの自分の遺伝子を後世に残すことができたからだというのです。ではなぜ、ウエストがくびれている相手を選ぶのが、男性にとって進化的に有利だったのでしょうか。それにはい

1
2
3
4
5
6
7
8
9
10

くつかの理由があります。

　最初の理由は、ウエストのくびれは、妊娠しやすさのシグナルになっているからです。ウエストのくびれは、体内の女性ホルモンであるエストロゲン（卵胞ホルモン）の影響で作られるということがわかっています。女性ホルモンは妊娠と密接に関連しているため、ウエストのくびれと妊娠しやすさとの間に関連が生じてくるわけです。実証的にも、WHRが0・8より小さな女性は、0・8以上の女性に比べて妊娠しやすいことがわかっています。したがって、ウエストのくびれた女性を選好する男性のほうが、より多くの子どもを残せた可能性があります（ザードストラら、1993）。

　第二の理由は、ウエストのくびれは、現在その女性が妊娠可能な成熟状態であることを意味するシグナルになっているからです。ウエストのくびれは女性ホルモンによって作られてくるため、初経前には生じません。また、閉経後はこのくびれは消失します。もし男性の側がウエストのくびれに無頓着だと、初経前あるいは閉経後の個体を配偶者として選択してしまう可能性があります。そのため、くびれを配偶者選択の手がかりに使用した男性はより効率的に自分の遺伝子を残すことができたわけです（マーロウら、2005）03。

　第三の理由は、ウエストのくびれは、その個体が現在妊娠していないというシグナルに

03 この考えは、バラシュとリプトン（2009）によって「ゴルディロックス仮説」と名づけられています。ゴルディロックスとは童話『3びきのくま』に出てくる少女の名前で、「ちょうどよい」ことのたとえとして用いられます。

なっているからです。ウエストがくびれていない場合は、その個体はすでに妊娠している可能性があります。妊娠するとウエストのサイズは当然太くなるからです。男性にとって他の男性の子どもを妊娠している女性を選んでしまうのは、進化的にも大変大きな悲劇をもたらすので、ウエストがくびれていない個体を回避する男性が有利になったわけです（ギャラップ、１９８２、長谷川と長谷川、２０００）。

第四の理由は、ウエストがくびれて、ヒップに脂肪がついていることは、妊娠継続や授乳などの育児能力の高さを示すシグナルになっているからです。臀部《でんぶ》や大腿部《だいたいぶ》の脂肪はダイエットしてもなかなか落ちにくく、上半身や胸などからやせていくことが知られています。これは、この部分の脂肪が妊娠や授乳のためにとっておかれる脂肪であり、それ以外の目的ではあまり消費されないからです（エトコフ、１９９９）。つまり、この部分に脂肪がついている相手を選ぶことが妊娠継続や授乳ができるという種の保証になるわけです。

第五の理由は、ウエストがくびれて脂肪がついていないということは、健康のシグナルになっているからです。日本では腹部の脂肪の量のみで成人病のリスクを測定する「メタボ検診」が行われていることからもそれはよくわかります。ウエスト部の脂肪は、心臓病、糖尿病、脳卒中、高血圧などと関係しており、ウエストがくびれているということはこれらの成人病のリスクが少ないということを示しています。つまり、このような女性を選んだほうが、健康な遺伝子や安定した育児環境が手に入る可能性があるのです。

このようなことから、進化の中で男性が女性のくびれに注目し、それを魅力的に見るような傾向が形作られていったのではないかと考えることができるのです。

ウエストがくびれている母親から生まれた子どもは知能が高い

ところで、ウエストのくびれについて、最近興味深い指摘がなされているので、それにも少し触れておきましょう。ラセックとゴーリン（２００８）は、子どもの神経発達、知的能力の発達に重要な役割を果たす長鎖多価不飽和脂肪酸の供給にとって、母親の下半身が太っていることはポジティブな影響を示し、上半身が太っていることはネガティブな影響を示すということを明らかにしました。そして、この上半身と下半身の肥満度の比率を表すのにＷＨＲが有用な指標になっていることを示しました。

これは、母親のＷＨＲが子どもの知的能力に影響するという驚くべき予測を導きます。そこで、ラセックらは、アメリカ全土を対象とした全国健康栄養調査の結果を分析し、母

図 6-04　母親の WHR の値と子どもの認知能力テストの得点の関係 (Lassek & Gaulin, 2008)

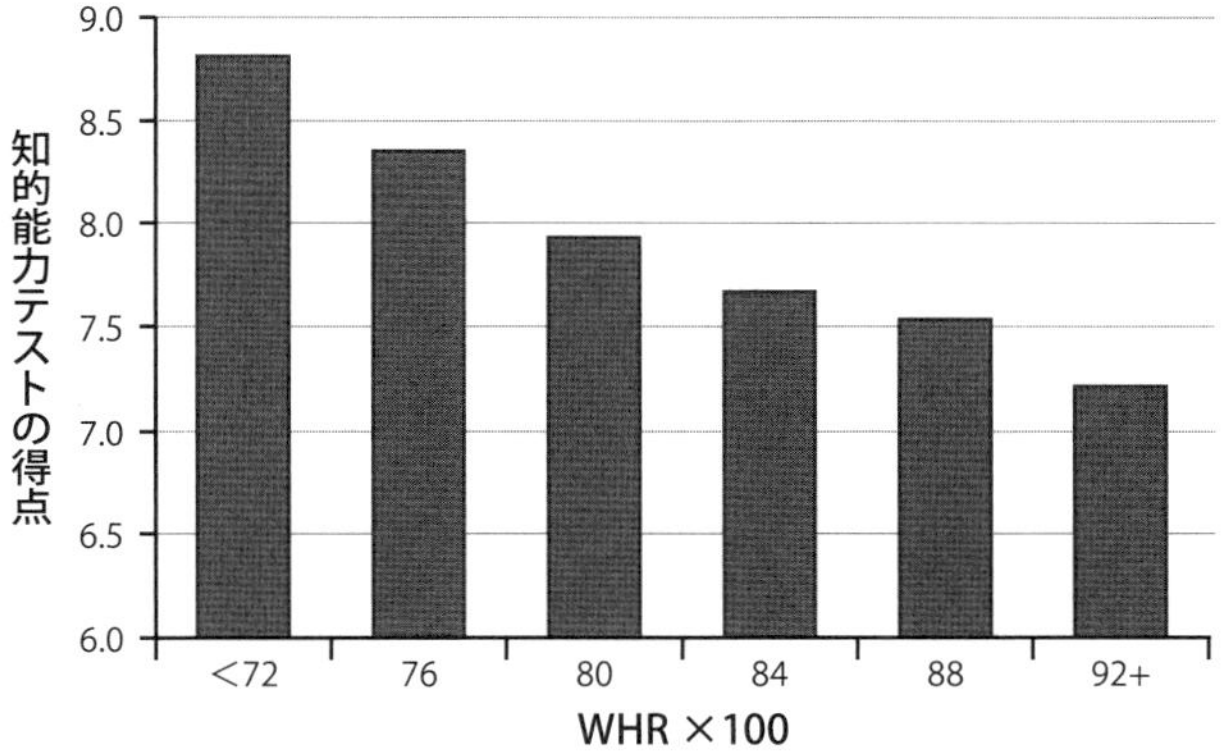

親のWHRと子どもの知的能力の関連を分析しました。その結果予想どおり、母親のWHRの値とその子どもに対する4種類の認知能力テストの合計得点の間に直線的な関係が得られることがわかりました【図6－04】。もしかしたら、この現象も男性がくびれに注目する行動の形成に影響を与えているのかもしれません。

顔の幼型化と身体成熟化

前章では、男性が配偶者を選択する場合、「自分以外の子どもを育ててしまう」リスクを減らすために、若い個体、つまり、幼型的な特徴を持っている個体を選好するようになったという説について説

図 6-05　顔の幼型化と身体のWHRの組合せと魅力度の関係
(Furnham & Reeves, 2006)

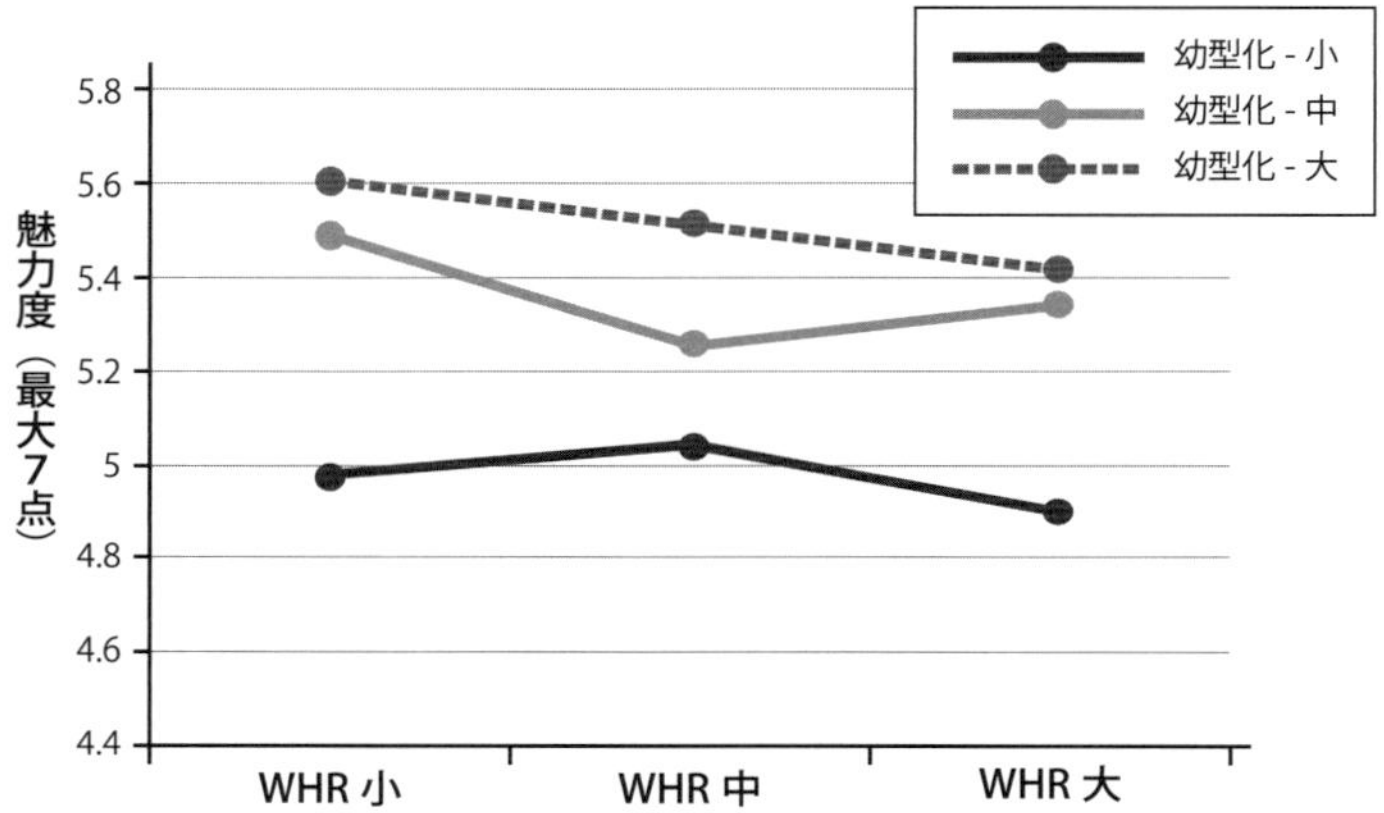

明しました。人間は他人の年齢を主に顔で判断するからです。ただ、顔だけで判断してしまうと、その個体がまだ妊娠できるほど成熟していない個体だったり、すでに妊娠している個体だったりするリスクも存在します。そこで、顔の幼型化に加えて、ウエストのくびれを手がかりにすることによって、より効率的に遺伝子を残せる個体を選択するようになったのだと思われます。

さて、このように考えると、もっとも魅力的な女性は、顔は幼型化していて、身体はＷＨＲの小さな女性だということになります。この現象を実験的に確認したのが、ファーンハムとリーブス（２０

06）です。彼らは、顔の幼型化とWHRをともに変化させたモデルの魅力度を評定させる研究を行いました。その結果、顔は幼型で、WHRは小さな場合にもっとも魅力が高まることを明らかにしました【図6－05】。

ウエストのくびれを重視していない文化

ウエストのくびれが男性によって志向されるのは、それが妊娠しやすさなど生殖力のシグナルになるからだという、ここまでで述べてきた考えは、生物学的なものです。これに対して、ウエストのくびれ志向性は、生物学的なメカニズムによって作られたのではなく、文化、とくに西洋のビジュアルな文化の影響によって作られたものではないかという反論が現れてきました。もし、これが文化的に影響して作られたものであるならば、ウエストのくびれを重視しない文化が存在するはずです。

そこで、多くの研究者が、とくに西洋化されていないさまざまな文化圏においても、WHRが魅力を規定している重要な要因になるのかについて検討してきました。その結果、確かにいくつかの文化圏では、WHRがそれほど重要ではない、あるいはウエストがくびれていないほうが魅力的に見られる場合があることが発見されました。

たとえば、ウエストマンとマーロウ（１９９９）は、北タンザニアの狩猟民族のハッザ（Hadza）で研究を行いました。この文化圏は、恒常的に食料は不足気味で、女性は17歳くらいで恋愛結婚します。ハッザの人々にさまざまなＷＨＲの線画を見せて、魅力度を評価させた結果、ウエストがより太い線画のほうが、より魅力的であると判断されることがわかりました。

また、ユーとシェパード（１９９８）は、南米ペルーのマッィゲンカ族にＷＨＲ（０．９、０・７）と体型（太っている、普通、やせている）の異なる６枚の図を魅力度の順に並べ替えてもらうと、太っているほど、また、ウエストが太いほど、魅力的だと判断されることがわかりました。スギヤマ（２００４）は、エクアドルのシウィアール族にシンの線画（【図６－01】）を見せて魅力的なものを選んでもらうと、やはりＷＨＲよりも体重の重さを重視して魅力度が判断されることがわかりました。

これらのことから、ユーらはウエストのくびれが魅力的だと知覚されるのは、西欧のビジュアル文化の影響であると考えました。一方、これらの民族が狩猟民族であり、狩猟民族は食料の供給が安定しないことから、これらの文化では、ウエストがくびれていることよりもむしろ、脂肪を多く蓄積しているほうがより生殖力の高さを示すシグナルになるの

図 6-06　ハッザとアメリカ人による横から見たシルエットの魅力度評定値 (Marlowe et al., 2005)

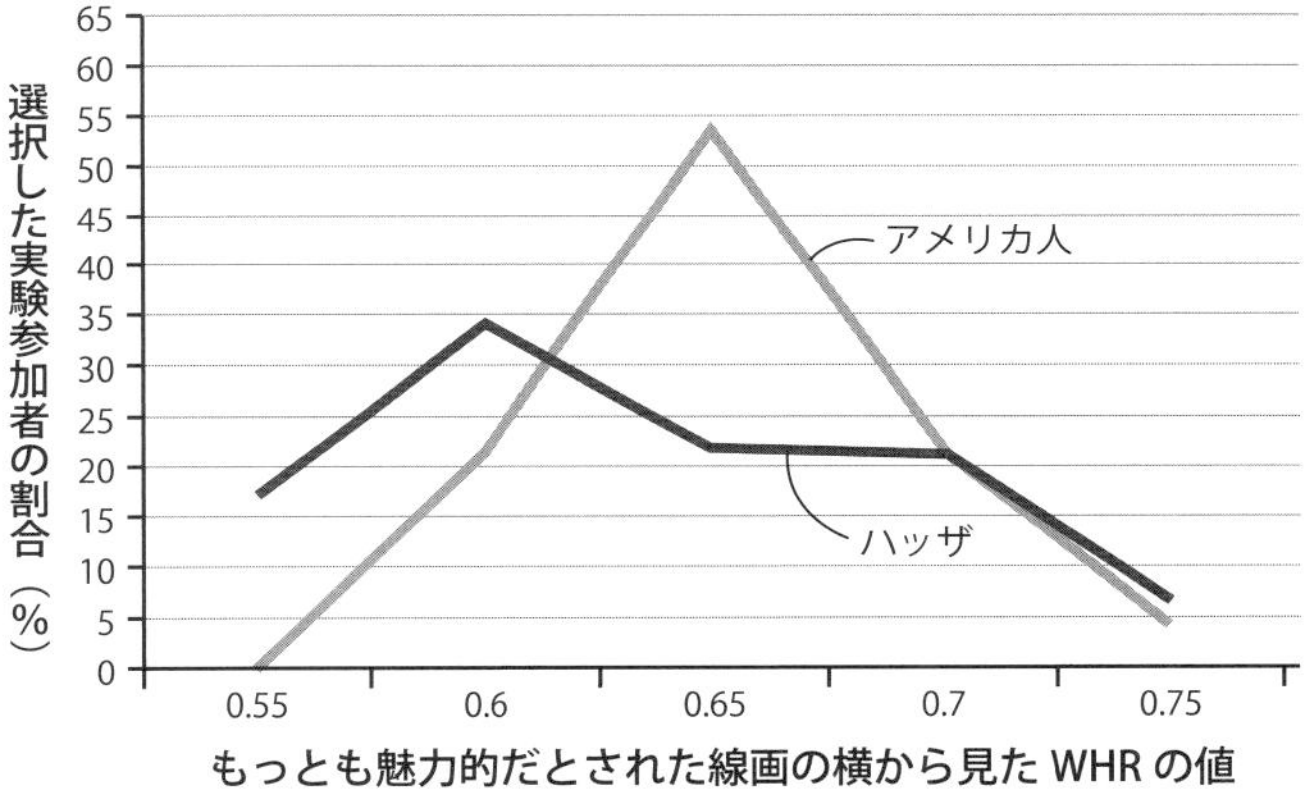

であり、このようなケースが単なる例外的なものなのだ、という再反論もなされました。

幅が広いか、それとも後ろに突き出しているか、それが問題だ

ところがその後、マーロウら（２００５）は興味深いことを発見しました。彼らは以前の研究で、ウエストがくびれていないほうが魅力的だとされたハッザで実験しました。いままでの実験では正面からの女性の線画を見せてその魅力度を評定させていましたが、この実験では横から見た画像を呈示したところが特徴です。

彼らは、横から見たＷＨＲが０・５５

から０・７５までの線画を、ハッザの男性に見せてもっとも魅力的な線画を選ばせました。ちなみに０・５５だと尻が突き出した感じになり、０・７５だと尻が平らな感じに見えます。

この実験の結果、アメリカ人は横から見たWHR＝0.65、ハッザはWHR＝0.6の線画をもっとも魅力的だと認知しました。つまり、ハッザは、正面から見ると確かにウエストのくびれをあまり重視しませんでしたが、横から見るとアメリカ人以上にウエストのくびれを重視したのです**【図6－06】**。

マーロウらはこの結果から、やはり、ウエストがくびれていることは、女性の身体的魅力を決定するかなり重要な要因なのではないかと結論づけました。ハッザの生活形態では、大きな骨盤が生存にあまり有利でないため、お尻につく脂肪を横側でなく後ろ側につけた女性が魅力的に感じられ、アメリカでは大きな骨盤が有利なため、横に広がったお尻を持った女性が魅力的に感じられているのですが、結局のところ、周囲を測定すればWHR＝0.7程度の値がもっとも魅力的に知覚されるというのです。

目が見えなくてもWHR＝0.7は魅力的

このWHR＝0.7がビジュアルカルチャーの影響にすぎないという説を決定的に否定する興味深いデータが近年報告されました。それはカレマンズら（２０１０）のグループの研究です。彼らは、ビジュアルカルチャーにそもそも接することができない生まれつき目の見えない人々でもWHR＝0.7の選好があるかどうかを調べたのです。

彼らは、まず、WHR＝0.70とWHR＝0.84のマネキン人形を作成しました。WHR＝0.70の人形は、WHR＝0.84の人形のウエストを細くして代わりにヒップを大きくして作られているので、ＢＭＩ（１４９ページ参照）はほぼ同じになっています。このマネキン2体をモバイル実験室（改造したバンですが）に載せて生まれつき目の見えない人の家まで乗り付け、彼らにこの2体の人形をタッチさせて、非常に魅力的である（10点）～まったく魅力的でない（1点）の10点法でその魅力度について評定させました。また、統制群としては、このモバイル実験室をショッピングセンターに乗り付けて目の見えない人々の群とバランスがとれるような年齢層の目の見える人々をスカウトして、同様の実験を行わせました。なお、統制群の半分は、実際に目で観察させて、残りの半分には目隠しをして、

1
2
3
4
5
6
7
8
9
10

図 6-07 目の見えない人、見える人、目隠しをした場合の WHR の選好 (Karremans et al., 2010)

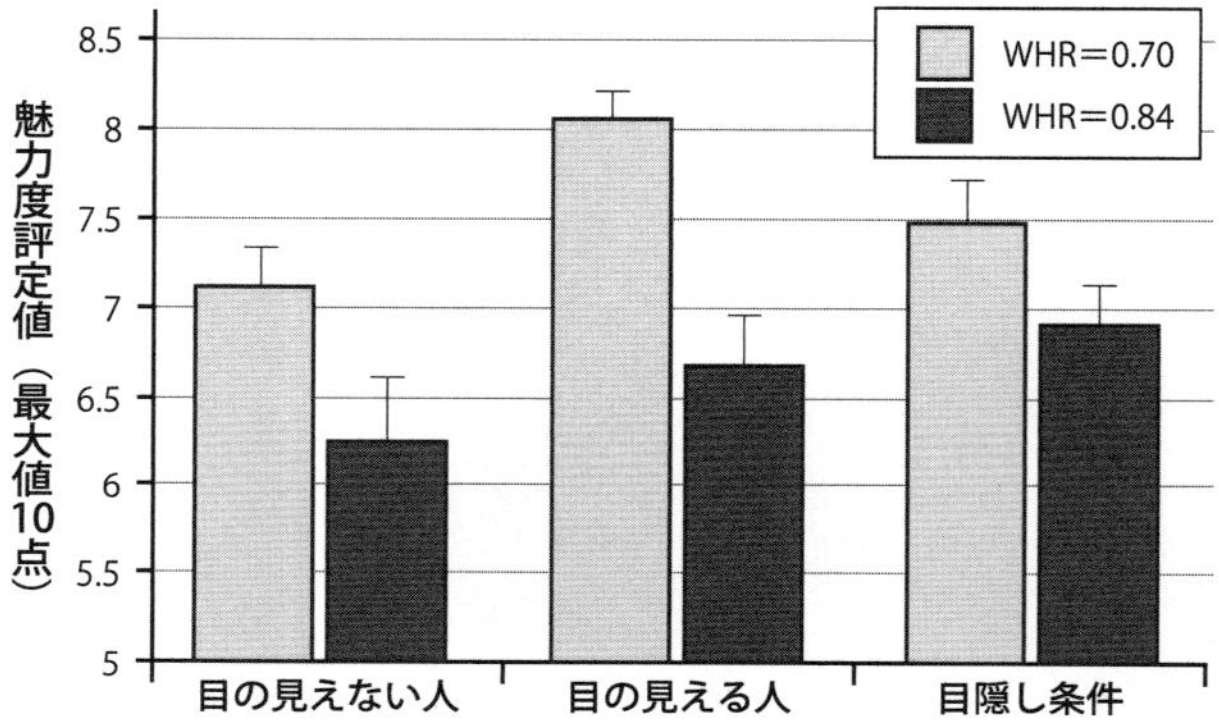

タッチでその魅力度を評定させました。

この実験の結果は【図6－07】のようになりました。つまり、目の見えない人々もWHR＝0.70のほうを魅力的だと判断したのです。これはWHR＝0.7への選好がビジュアルカルチャーの影響などではなく、もっと生物学的な基礎に基づいたものである可能性を強く示しています。

02

スリムであることは魅力を上げるのか

BMIと身体的魅力

女性は、いつも「ダイエット、ダイエット」といって体重を低下させることに相当注力しているように感じられます。女性はやせている身体が魅力的だと考えているのは間違いないでしょう。では、本当にやせることによって魅力的な身体が作り出されるのでしょうか。

やせているかどうかを判断する基準の一つとしてBMI（Body Mass Index：ボディ・マス・インデックス）という指標が広く知られています。これは次のような式で表されるものです。

BMI＝体重（kg）／（身長×身長（m））

健康的なＢＭＩは１８・５以上、25未満だということが知られています。

このＢＭＩと身体的な魅力の関係について検討した研究として、トビーら（１９９８）の研究があります。この研究では、50人のさまざまな体型の女性の正面からのカラーイメージを40人の男子大学生に見せて、その魅力度を１～７の７段階で評定させました。その結果を【図６−08】に示してみます。横軸はＷＨＲとＢＭＩ、縦軸は魅力度で、点一つ一つが50人の女性のそれぞれのＷＨＲ・ＢＭＩと魅力度を指しています。図ｂは、これらの点にもっともフィットする曲線を統計的に当てはめたものです。女性の最適なＢＭＩは21程度だといわれており、まさにその最適なＢＭＩの部分が、もっとも魅力的に認知されるということを、この図は示しています。

興味深いのは、ＢＭＩが15～20程度のややせ型の部分に、曲線が予測するよりも魅力度評定がかなり高い一群のデータがあることです。この部分がもっともシルエットが魅力的に見えるポイントです。つまり、もっとも理想的だといわれている平均的な部分よりも少しやせている位置が、身体的にもっとも美しく見えるわけで、女性がみな「ダイエット」を叫んでいるのはここをめざしているのだとすれば、確かに理解しやすい現象といえるでしょう。

図 6-08 WHR、BMI と身体形状の魅力度との関係

(Tovée et al., 1998)

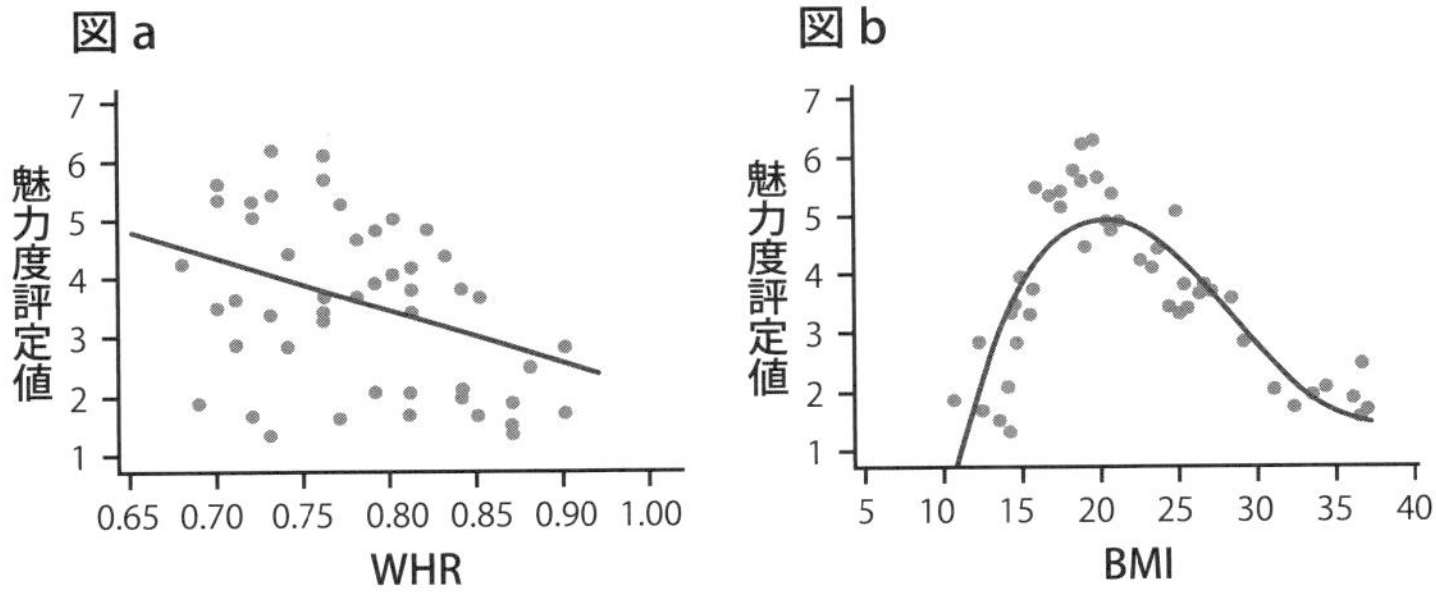

ただ、ＢＭＩがこれ以上少なくなると身体的魅力は急降下しますので、注意しなければなりません。これは、ＢＭＩが低すぎると月経が停止するなどの妊娠しにくい状況が作られてしまうことと関連していると思われます。

ＢＭＩとＷＨＲは どちらが重要なのか

では、ＢＭＩとＷＨＲはどちらが重要な要素なのでしょうか。トビーらが重回帰分析[04]を使って分析したところ、ＢＭＩは魅力度評定の分散の７３・５％を説明していましたが、ＷＨＲは１・８％しか説明していませんでした。このデータからトビーらは体型の魅力にはＢＭＩが決定的に大きな影響を与えているのではないかと述べています。

確かに、図ｂが曲線の付近だけに点が集まってい

[04] 重回帰分析は、予測しようとするもの（ここでは魅力度、これを従属変数といいます）をいくつかのデータ（ここでは BMI と WHR、これを独立変数といいます）から予測する式を作る統計手法です。

るのに対して、図ａでは点はばらばらになっています。

これに対して、あくまでＷＨＲが重要だと主張しているのがシンらのグループです。じつは、トビーらは極端にＢＭＩの低いものから極端に高いものまで用いて計算しているところが問題といえば問題です。この説明率[05]は、ＢＭＩの範囲を19～21に絞ったシン（２００２）の研究では逆転しています[06]。

さらに、シンら（２０１０）は次のような研究によってトビーらのＢＭＩ説に反論しています。彼らが用いたのは、ウエストを細くする美容整形手術を受ける前の写真と受けた後の写真です。ちなみに手術前のＷＨＲは０・８、手術後は０・７２でした。一方、ＢＭＩは手術前が２４・８で手術後が２３・３６であり、ＢＭＩが増加したケースと減少したというケースが両方存在しました。この手術前後のウエストまわりの裸の写真、10人分20枚を見せて、手術前後どちらが魅力的なのかをさまざまな文化圏の被験者に尋ねました。実験は、カメルーン（アフリカ人）、インドネシア（アジア人）、サモア（ポリネシア人）、ニュージーランド（白人）と世界の主要民族を含んでいました。この実験の結果、すべての地域でコンスタントに約80％の人が手術後の写真のほうが美しいと判断しました。

この研究は大変興味深いのは確かです。しかし、この研究からＢＭＩよりもやはりＷＨ

[05] 説明率とは、身体の魅力度のどれだけの成分をBMIやWHRの値で説明できるかの割合のことを指します。

Rが重要であると結論づけるのは、やはりちょっと無理があります。この研究からいえるのは、BMIが同じである場合、やはりウエストがくびれているほうが魅力的だということにすぎません。多くの研究を総合してみると、基本的にはBMIの値が身体的魅力を決めていくのですが、同じBMIやBMIの近い体型においては、WHRが小さいほうがより魅力度が高く知覚されると考えるのが妥当なようです。

ただ、BMIが低くスリムであるかどうかは、魅力にとってもう一つの重要な要因と交互作用していることがわかっています。それは年齢です（ヘンス、1995）。男性においても女性においても、スリムであればあるほど年齢が低く評定されます。とくに女性の場合には前にも述べたように、年齢が低いとそれだけで魅力度が高く評価されるので、スリムな人が魅力的に見える効果のうちの、ある程度は若く見えることに起因しているのかもしれません。

⑥体重 20 ~ 150kg などの広い範囲を分析の対象とすると、当然 BMI の説明率は大きくなります。一方、40 ~ 50kg などと範囲を絞ると、BMI の説明率は相対的に小さくなり、WHR の説明率は大きくなります。

03

バストが大きいことは魅力を上げるのか

バストという強力な身体パーツ

さて、ここまで女性の身体的魅力を規定する2つの要因について詳しく見てきましたが、多くの読者（とくに男性）が疑問に思っていることがあると思います。それはウエストのくびれやスリムさよりもむしろ、バストの大きさのほうが重要なのではないかという点です。この問題について次に検討してみましょう。

バストの大きさが女性の身体的魅力に大きな影響を与えるのは確かです。実際に、ポルノサイトの分析でも、ウエストに注目したサイトはほとんどありませんが、バストに注目したサイトはあらゆるものがそろっており、しかも量的にもずば抜けて多く存在しています（オーガスとガダム、２０１１）。これらのことからバストサイズが身体的魅力に大きな影響を与えているのは明らかに思われます。もちろんこのことは古くから実験的にも示されてきており、バストが大きいことによって周りの男性の行動が大きく変化するということは実証的に明らかにされています。

ウェイトレスのチップと身体的なサイズの関係

たとえば、リン（2009）は、374人のウェイトレス（このうち245人は現在ウェイトレスとして働いている者で、残りは元ウェイトレスです）に協力してもらい、仕事上もらえたチップの金額と、さまざまな体のサイズの関係について分析する調査を行っています。その結果、バストサイズが大きくなるほど給料に対するチップの比率が大きくなっていき、バストサイズが非常に大きな場合、チップが最大となることがわかりました。BMIやWHRはチップの金額とは明確な関係はありませんでした。

バストサイズが大きいと言い寄られる

また、ゲゲン（2007）は、「バストサイズが大きいと男性に言い寄られることが多いか」について実験を行いました。標準的な魅力度の女性が、カジュアルな格好の下にAカップ、Bカップ、Cカップという異なった大きさのブラジャーを着けて実験に協力しました（サクラの女性は普段はAカップなのですが、B・Cカップ条件では、ラテックス製

表 6-02 バストサイズと言い寄ってきた男性の数の関係
(Guéguen, 2007)

ブラジャーのカップサイズ	A	B	C
実験1（ナイトクラブ）	13人	19人	44人
実験2（バー）	5人	9人	16人

の胸パッドを仕込んで、胸を大きく見せました)。

第1実験ではナイトクラブに行って一人で座り、ダンスフロアを眺めながら寂しげにしている彼女に1時間で何人の男が声をかけるかが測定されました。また、第2実験では、バーで同じように寂しそうに一人で座っている彼女に1時間で何人が声をかけるかが測定されました。結果は【表6－02】のようになりました。もちろん、胸の大きさが声をかける男の数と密接に関連しており、胸が大きいほど声をかけられやすいことがわかりました。

ボディサイズとグラビア・映画出演の関係

ボラセックとフィッシャー（2006）は、バストサイズとグラビア出演頻度の関係について調査しています。雑誌や映画に頻繁に出演しているヨーロッパのアダルト女優125人について、彼女らの体についてのさまざまな計測値とグラビア出演頻度の相関についてを調べてみたのです。その結果、バストサイズが $r = 0.185$

で、またＢＷＲ（バスト＝ウエスト比率）が $r = -0.219$ で有意にグラビア出演頻度と相関しており、胸が大きく、ウエストがくびれている場合に出演が多くなることがわかりました。日本でもバストが大きいタレントはかなりの頻度でグラビアを飾りますので、同様の傾向があるのは明らかでしょう。

バストの適応的意味

以上の研究、および以前に紹介したバストサイズが大きいほどヒッチハイクが成功しやすいなどの研究は、いずれも、女性のバストサイズが大きいことが男性から魅力的だと判断されるということを示しています。しかも、その方向性は、まさに大きければ大きいほどよいという形になっています。

では、大きなバストの存在意義は何なのでしょうか。一般にバストの機能的な役割は授乳ですので、バストが大きいほうが多くの母乳を分泌できるなどの特徴があるのではないかと考えられますが、多くの研究によってバストの大きさと母乳分泌量には関係はないことがわかっています。

とすると、バストの存在意義として考えやすいのは、ウエストのくびれなどと同様に、男性が女性配偶者を選択する場合にバストの大きさが何かのシグナルとして役に立っているということでしょう。これに関してもいくつかの考えがあります[07]。

最初の説は、ウエストの細さと同様、妊娠しやすさのシグナルになっているというものです。バストの大きさは女性ホルモンと関連していますので、やはりそれが妊娠しやすさと関係しているというわけです。つまり、バストの大きな個体を選好する男性はより多くの遺伝子を後世に残せるということになります。

2番目の説は、バストが大きいということは、子育てに必要な多くの脂肪を蓄えていることを男性に伝えるシグナルであるという考えです。女性は脂肪を全身にまんべんなくつけるという形でなく、脂肪を特定の部位に集め、目立つようにして自分の子育て能力を男性に対してアピールしている可能性があります。ちなみにアフリカなどの温暖な地域では、脂肪を体のいろいろな部分に分けて貯蔵すると、断熱効果が大きくなり身体が過熱してしまう可能性があります。また、腹部に脂肪がつくとすでに妊娠している個体と区別がつきにくくなってしまいます。そのため、わざと腹部を避けて乳房に脂肪を蓄積したのではないかというのです。さらに、ダイエットなどして栄養が不足すると最初に落ちるのは乳房の脂肪であることから、この部分はいままさに栄養が満ちているということをアピールす

[07] バストの大きさが、授乳しやすさなどの「子ども」側の要因によって進化したという説もありますが、これらの説は現在ではあまり支持されていません。まさにそれは男性のために進化したという説が有力です（バラシュとリプトン、2009)。

るための重要な手がかりになっていると指摘する研究者もいます（ミラー、２０００）。

バストの対称性アピール仮説

男性が大きなバストを選好するもう一つの興味深い仮説があります。これは、バストの左右の大きさの違いが生殖力のシグナルになっているということと関連した仮説です。まず、その背景になっている研究から見ていきましょう。

リバプール大学のマニングら（１９９７）は、バストの左右対称性とさまざまな生殖指標との関連について研究を行いました。実験参加者となったのは、リバプール大学の胸部診断部に来院した27歳から65歳までの胸部に疾患のない女性５００人で平均年齢は３９・８５歳でした。バストはそもそも非対称であることが多く、左側のほうが大きいといわれていることから、「左バストの容積－右バストの容積」をバストの非対称性の指標として、これとさまざまな特性についての分析を行いました。

その結果、バストの非対称性が大きいほど、初めての子どもの年齢が高いこと、および、子どもの数が少ないことが示されました。つまり、バストが対称なほうが生涯で多くの子どもを残すことができ、生殖力が高いといえるのです。

さて、バストは大きいほうがその対称性をアピールしやすいため、女性の側から見ればバストを大きくしてその対称性を目立つようにし、男性もバストの大きな個体のほうがその対称性がわかりやすいので、そのような個体を選好するようになり、結果的に男性は大きなバストを選好するようになったというのです[08]。

バストの対称性によって男性から見た魅力度は変化するのか

マニングらは、実際のバストの非対称性が生殖能力と関係していることを明らかにしているのですが、実際にこの非対称性を男性が本当に認知して検出しているのでしょうか。

この問題を検討したのがシン（１９９５）です。彼は、95人の大学生にWHR＝0.7とWHR＝0.9の線画の刺激を見せましたが、これらの線画ではバストが左右対称、若干非対称、非対称の３つの群に分けられていました。バストの非対称性は図の中ではかなり微妙でわかりにくかったにもかかわらず、WHR＝0.7の場合、魅力度や健康度などの評定値がバストの非対称性の増加に伴って低下することがわかりました。また、バストの非対称は年齢の認知にとくに大きく影響しており、非対称だと知覚される年齢が大きく上昇しました。このように見るほうもバストの非対称性を知覚し、それが魅力や健康度の評価に

[08] これに対して、バストを大きくすることによって左右の大きさの不均衡を隠すことができるという説も提案されています（バラシュとリプトン、2009）。

かかわってくることがわかりました。

バストは意識的な魅力、WHRは無意識的な魅力

男性から見るとバストサイズが身体的魅力に与える影響はきわめて大きいように思われます。それに比べてウエストのくびれの効果はあまりピンとこないのではないでしょうか。この現象を実験的に示した興味深い研究がディクソンら（2011）によってなされています。彼らはコンピューターグラフィックで作ったリアルな女性の全裸の画像を男性に見せて、その魅力度を評定させる実験を行いました。女性はWHRで2種類（WHR＝0.7、0.9）とバストの大きさで3種類（小、中、大）の条件が用いられました。また、女性を観察する際には、実験参加者の男性にはアイマークカメラが装着されました。これは、装着している人がどこを見ているのかを検出し、記録できるカメラです。つまり、実験参加者の男性は裸の女性のどこを見ているのかを記録されてしまうわけです。

このカメラで実験を行ったところ、男性の実験参加者は、女性の写真が呈示されるとすぐに胸を見ること、そして大半の時間は胸を見ていることがわかりました。とくに胸が大きな場合にこの傾向は顕著でした。次に実験参加者がよく見たのは顔でした。ところが、

実際に魅力度評定値を見てみると、実験参加者が一番長く見ていた胸の大きさは魅力度の評定値にほとんど影響を与えていませんでした。女性の魅力度にもっとも影響を与えていたのは、まさにウエストのくびれでしたが、実験参加者は実際にはほとんどウエストを見ていませんでした。

この実験から、先に挙げたシュッツウォールの実験と同様に、男性はウエストのくびれを、意識することなくほぼ一瞬で非常に素早く、しかも凝視することなく判断しているのではないかと考えられます。そしてこの判断はおそらく無意識的に行われていると思われます。これに対して胸に対する凝視は時間をかけて意識的に行われるわけです。これが、男性が意識的には「胸が一番重要」と思い込んでしまっている原因かもしれません。ところが結果的には、魅力度の判断には無意識的な判断のほうが大きくかかわってきてしまうのです。

超正常型選好と大きくなることの限界

バストは大きければ大きいほど注目されやすいとか援助されやすい、チップをもらいやすいなどの現象があると述べました。このように基本的にある方向性があり、度合いが大きいほど魅力が大きくなる現象を「超正常型選好」、そのような刺激のことを「超刺激」といいます。全長15㎝くらいのスズメ目の鳥であるコクホウジャク（*Euplectes progne*）は、尾羽が長いほうがメスから好まれやすいことが知られていますが、それゆえ、繁殖期には自分の生存に不利になる程度まで尾羽が長くなってしまっています（アンダーソン、１９８２）。

このように、性淘汰において実際の適応度と関係なく、ある特性がどんどん極端化・超刺激化していってしまう現象は、フィッシャーの「ランナウェイ過程」と呼ばれています。このプロセスが生じると、たとえば、女性は幼型的な特徴が魅力度を上げるとするならば、女性の顔は世代を重ねるに従って次第に、あごや鼻が小さく、目は大きくなっていくことが予想されます。では、この傾向はいったいどこまで進んでいってしまうのでしょうか。あごはひたすら小さく、目はひたすら大きくなっていくのでしょうか。

じつはそうなりません。たとえば、あごは幼型的な特徴を男性に伝えるだけのために存在しているわけではありません。その本来の目的は、食物を噛《か》んで咀嚼《そしゃく》することにあります。もし、あごがひたすら小さくなっていくと今度はそちらの機能になんらかの障害が発生してくる可能性があります。また、目に関してもひたすら大きくしていけば、機能的になんらかの問題が発生してくる可能性がありますし、鼻に関しても小さくしすぎてしまえば、呼吸機能に障害が発生する可能性があります。

このような機能的な問題は自分が生存し遺伝子を残していくことにマイナスの影響を引き起こす可能性があるので、今度はマイナスの影響が発生してきてしまいます。そのため、パーツの変化はどこかの大きさで停止することが予想されます（正確には、自分の生存が不利になっただけではこの過程は停止しません。自分の寿命が短くなっても、パーツが小さい個体よりも生涯に多くの子どもを残せるのであれば、パーツは大きくなり続けることが予想されます。パーツが大きくなりすぎて、パーツが小さな個体よりも多くの子どもが残せなくなった時点でパーツの大きさの進化は止まります）。

マンガにおけるデフォルメ化現象

ところが、もし仮に、このようなパーツの大きさの変化が機能的な側面に影響を与えないとしたらどうでしょうか。その場合、我々の顔や体のパーツはどんどん変化していってしまう可能性があります。そして、じつはそれに類似した現象がすでに発生しています。

それはマンガの世界です。マンガの世界ではいろいろなキャラクターが活動しています。

その中には人気のあるキャラクターもいれば、それほど人気のないキャラクターもいます。連載マンガの世界は過酷なので、人気が出なければ連載は打ち切られて、そのマンガやキャラクターは淘汰されてしまいます。一方で人気が出れば、そのキャラクターはメディアミックス戦略に乗って映画界やテレビ界、グッズなどにも進出して栄えていきます。これは一種の進化プロセスといえるかもしれません。

そして、マンガのキャラクターの場合、いくらあごが小さくなっても、鼻が小さくなっても、生存に影響する可能性はないという特徴を持っています。とするならば、マンガのキャラクターの顔は世代を重ねるにつれてどんどん幼型的な特徴を持っていってしまうということが予想されます。しかも、そのパーツのサイズはリアリティをはるかに超越することになります。

このように観察してみると、現代のマンガキャラとくに女性キャラの多くは、まさに極端な幼型化現象を示しているのがわかります[09]。目は顔の高さの半分以上を占めていることがありますし、また、鼻は退化してもはや存在していない場合さえあります。あごも食物を咀嚼するにはあまりにも小さくなっています。これはまさに魅力を高める部分だけが拡大した超刺激的な顔になっているのです。

[09] これに対して、男性キャラはそれほど幼型化が進んでいません。これはすでに第5章で見てきたように、幼型化が魅力を向上させるのは、男性よりも女性で顕著だからだと思われます。

マンガにおける身体のデフォルメ化

また、顔だけでなく体についてもこのようなことが生じています。つまりウエストは極端に細くなり、バストは極端に大きくなっています。とくに男性青年を対象としたポルノマンガ、そこでは基本的にはセックスの対象としてキャラクターが描かれますが、顔はきわめて童顔にもかかわらず、ウエストは細くバストは巨大化しています。これは先に挙げたファーンハムらの実験において明らかになった顔と身体の理想的な組合せです。現在のマンガやアニメでは、多くのキャラクターがこの体型になっています。進化プロセスの結果、このような特徴を持った個体に収斂《しゅうれん》してしまうのは非常に興味深い現象といえるでしょう。

実在の人間の場合、自らの魅力をアピールするために、限られた資源をさまざまな特徴に割り振っていることが考えられます。たとえば、ウエスト、胸、あるいは知性や背の高さなどです。これらのすべてを最高にするのは困難なので、限りある資源をその環境の中でもっとも効果的だと思われる部分に割り振っているのでしょう（むしろ、資源をうまく割り振った個体が生き残りやすくなるということでしょうか）。ところが、マンガの世界

図 6-09　デフォルメ化した女性キャラクターの例

では、体を変形させる資源は無尽蔵にある可能性があります。そのため、目や口、あご、胸、ウエストなどがすべて最高の値をとるように変化をしていくことも可能です。そして、まさに現在の、とくに性的なマンガに現れてくる女性キャラクターはこれらの指標をすべて備えたデフォルメ化された身体となっているのです【図6－09】。

オーガスとガダム（2011）はポルノグラフィーを分析した研究書の中で、日本のアニメポルノが世界的に有名で人気がある理由の一つとして、このキャラクターの造形を挙げています。

Column 04

美人を統計学を使ってタイプ分けする

本書の議論では、基本的に「美人—美人でない」という軸についての話が中心になってきました。しかしながら、女性をこれだけの軸で説明してしまうのは、あまりにも単純化しすぎています。女性の中には、可愛い人、セクシーな人、派手な人、ぽっちゃり系の人、スレンダーな人などさまざまなタイプの人がいるからです。このようなさまざまなタイプを分析するためには、なんらかの方法で女性をタイプ分けすることが必要です。その一つの方法として統計的な手法を用いるものがあります。

たとえば、私のゼミ生の山下くんは、現代の女性タレントについてこの方法を用いて分析を行いました。実験参加者に、現在活躍している女性タレントについて「かわいい—かわいくない」「暖かい—冷たい」「真面目—不真面目」など13対の印象評定尺度に回答してもらいました。次に、この結果を多次元尺度構成法にかけます。これは、印象の類似したタレントは近くに、印象の似ていないタレントは遠くにという形で、2次元空間的にマッピングする方法です。その結果を【図6-10】に示してみます。

図6-10　女性タレントの印象をもとにした空間マッピング

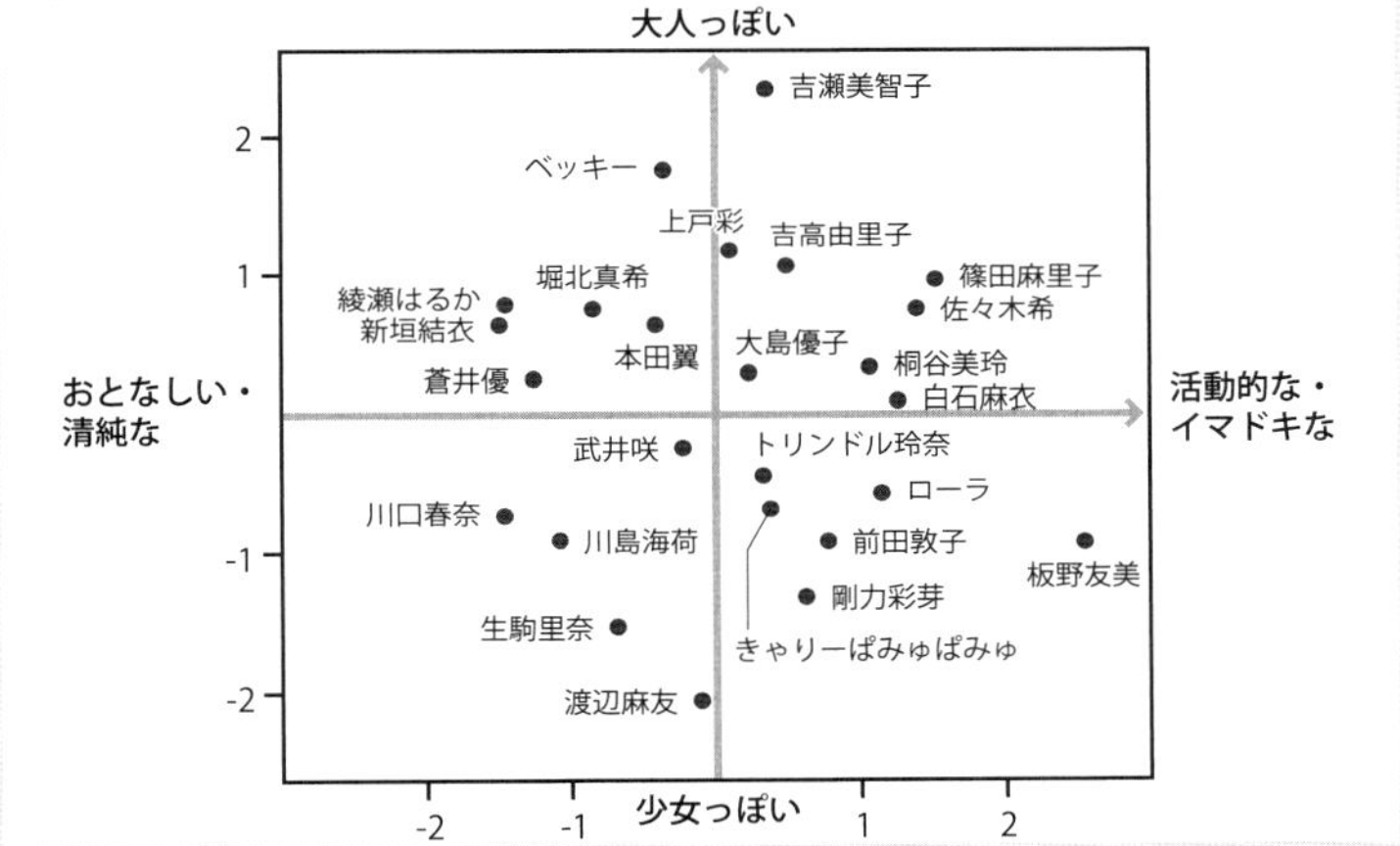

この図を見ると、綾瀬はるかと新垣結衣は似た印象で知覚されること、渡辺麻友と吉瀬美智子は異なった印象で知覚されることなどがわかります。全体的な布置を見てみると、Y軸はおおむね「少女っぽい—大人っぽい」という年齢に対応する軸、X軸は、「おとなしい・清純な—活動的な・イマドキな」という軸と解釈することができます。これは我々が女性タレントを見るときに、このような軸をもとに認知していることを示しています。

どのような人にどのようなタイプが好まれるのかなどの研究は、これからの研究課題といえるでしょう。

この章のまとめ

本章では、女性の身体的魅力を決定するさまざまな要因について検討してみました。女性の身体的な魅力度を左右する3つの要素が示されました。WHR、BMI、そしてバストの大きさです。WHRはウエストのくびれを示す指標で0・7程度がもっとも魅力が高くなることが示されました。BMIはスリムさの指標で15〜20くらいの部分に魅力度のピークが見られました。また、数値が低くなると魅力度は急激に下降するという特徴がありました。バストは大きいほど注目されやすいという特徴がありました。いずれの要因も、これが魅力を左右している原因には、生物学的な理由、つまり生殖力のシグナルになっているなどの原因があるのではないかと考えられました。

第７章

魅力ある男性とは何か

01

女性の側にもリスクは存在する

女性の側のリスク

これまでの章からは、男性が女性を選択する場合に、幼型化特徴を持った、またウエストのくびれた女性を選択しがちであるということがわかりました。つまり男性にとっては女性の外見的特徴が重要視されるわけです。このようになっている根本的な原因は、生まれたばかりの子どもが自分の子どもであるかどうかの確証が得られないという、男性の置かれた生物学的な状況にありました。

一方、女性の場合は、出産するのは自分ですから、生まれてくる子どもが自分の子どもでないということはありません。少なくとも半分の遺伝子は自分のものであることは間違いないわけです。つまりこの点に関しては、女性は圧倒的に有利な位置に立っています。では、女性は何もリスクを持っていないのでしょうか。

じつは女性にも大きなリスクが存在します。それは「やりにげ」されるリスクです。人間の場合、男性は一瞬で相手を妊娠させることが可能です。これに対して女性は少なくとも9か月間、体内で育てなければなりません。男性からすれば、「やりにげ」戦略、つまり相手を妊娠させて自分は逃げてしまうことによって、より少ない労力で多くの遺伝子を残していける可能性があります。逃げてしまえば、子育てのコストを一切負担しないで自分の遺伝子を後世に残すことができるのです。

一方で、女性は相手がこの「やりにげ」戦略をとった場合、大きな負担を背負わなければなりません。本来分担して子育てをすれば半分の労力で済んだかもしれないのに、倍の労力を払う必要があるからです。しかも、生まれてくる子どもも十分な生育環境が得られないために、その後の成長過程において大きなハンディキャップを背負ってしまう可能性があります。

これに対して、男性側は子作り自体にはほとんど労力が必要ないので、たとえ子どもの生育環境に問題が生じる可能性があっても、たくさん子どもを作ることで元が取れておつりが来る可能性は十分あります。そのため、男性側は、「やりにげ」戦略を積極的にとってくる可能性があります。

「やりにげ」を防ぐためには

このようなことから、女性は「やりにげ」されることを防ぐような行動を進化させてきたと考えられます。では、どのようにして「やりにげ」を防げばよいのでしょうか。一つは、「安易に性行為（交尾）させない」という方法です。安易に性行為（交尾）をすることができれば、男性は「やりにげ」戦略をとりやすくなるからです。

動物においては、安易に交尾させないさまざまな行動を、メスがとっていることが知られています。一つは、オスに巣作りを要求し、巣が完成するまではオスに交尾させないという方法です。実際に多くの単婚型の鳥においてはこのような行動が進化しています。これは、実際に交尾する前に、実質的に子どもの養育のための投資を先立ってしなければならないということを意味します。オスから見れば、これだけ投資して交尾したのだから、やりにげするのはもったいないないと思って（実際に思うわけではないでしょうが）逃げにくくなるわけですし、簡単に交尾できない以上、たくさん子どもを作るよりは少数の子どもをじっくりと育てるやり方に変えてくる可能性があります。

同様な方法として、「求愛給餌《きゅうじ》」といわれる方法があります。これは、メスがオスに対して子どものように振る舞って、給餌を要求するというものです。もちろん、この給餌を行ったオスを交尾の対象として選択するわけです。これはオスに卵を作るための栄養分をとってくる手伝いをさせるわけで、ある意味先行的に行う育児投資になります。やはりこれを行って交尾にたどり着いた場合には、オスは逃げてしまうのはもったいないので、「やりにげ」のリスクが低くなるというわけです（ドーキンス、1976）[01]。

女よりも男のほうが先に「やり」たがる

このような現象は、鳥類だけでなく、人間の求愛行動や交際時のカップルの性行動にも当てはまる可能性があります。たとえば、人間においても、2つのことが予想されます。一つは、交際期間において男性は女性よりも早い交際段階で性的な関係を結びたがるのに対して、女性は慎重な態度をとるということです。

これに関連した研究として、クラークとハットフィールド（1989）の研究があります。この研究では、心理学科学生の男性4人と女性5人がキャンパス内で初対面の異性に接近していって、次のような誘いをしました。①今晩デートしませんか?、②今晩私のアパートに来ませんか?、③今晩ベッドを共にしませんか?　これに対して、「イエス」と

[01] しかし、メス側は、他の個体がそろってこのような戦略をとる場合、自分だけは容易に交尾させることによって「抜け駆け」して優秀な遺伝子をゲットする方略が進化する可能性があり、事態はそれほど単純でないことが知られています。

表7-01 キャンパス内で初対面の異性を誘う実験の結果
(Clark & Hatfield, 1989)

	①デート	②アパート	③ベッド
「イエス」と答えた男性の割合	50%	69%	75%
「イエス」と答えた女性の割合	56%	6%	0%

（それぞれの申し出に対して承諾した者の割合）

答えた人は【表7-01】のようになりました。これを見れば一目瞭然ですが、男性は初対面の相手にでも積極的に性行動をしようとするのに対して、女性はまったく正反対の行動をとり、とくに性行動には慎重であることがわかります[02][03]。

また、バスとシュミット（1993）は、男女の大学生に魅力的な異性とつきあった場合を想定させ、つきあった期間（直後から5年後まで）ごとに性的な関係を持つ可能性を見積もらせました。その結果、すべての期間で女性よりも男性のほうが可能性を高く見積もりました。

また、ここから派生して、男性は恋愛においては女性に比べて初期に燃え上がるのに対して、女性は初めは慎重であり、徐々に燃え上がるということが予想されます。つまり「男性は熱しやすく、冷めやすい」が、「女性は熱しにくく、冷めにくい」という現象です。もちろん「燃え上がる」というのは性行動についての重要な動機づけになります。松井（19

[02] この実験は、現在では倫理的な問題から実施が難しいと思われます。

[03] このデータが取られたのは1978年のことです。現在ではHIV感染の問題もあり、男性でもこれだけ容易に性交渉には応じないと思われます。

90）は、恋愛関係の進行度ごとに男女が相手についてどの程度恋愛感情を抱いているかをルービンの恋愛尺度の得点をもとにまとめました。ルービンの恋愛尺度とは「××さんのためなら、ほとんどなんでもしてあげるつもりだ」「××さんのことなら、どんなことでも許せる」「××さんなしに過ごすことはつらいことだ」などの項目からなる尺度で、××のところにつきあっている相手の名前を入れて答えることで、恋愛の深さを量的に測定することができる尺度です。

この分析の結果、女性に比べて男性のほうが進行の早い段階で恋愛感情が高まっていくのに対して、女性は徐々に愛情が高まっていくという傾向があることがわかりました。つまり女性のほうが「熱しにくい」ということです。これらの現象は、多くのカップルが実感していると思います。

オスに資源の提供を要求するのは人間も一緒

もう一つは、鳥類と同じように、性行動（交尾）のために、男性は女性に対して積極的な投資を行うということです。交際期間におけるプレゼントや食事をおごる行動は、我々の社会の多くでは、男性がおごり、女性がおごられるという方向性で働くことが多いでしょう。また、おそらくこのような行動は、婚姻が成立して継続的な性的関係が樹立されると急激に減少することが予想されます。もっとも多くの投資が行われるのはおそらく、まだ性行動が行われていない状況だと思われます。

男性が女性に対してもっとも投資するのがこのフェイズだということを利用したものが、たとえばキャバクラにおけるキャバクラ嬢の行動です。キャバクラ嬢は多くの場合、擬似的な恋愛メッセージを発して、性行動の期待を男性側に抱かせます。この状態では男性は女性に対してプレゼントをするなどの行動を積極的にとることが考えられます。もし、ここで安易に客と性的な関係を結んでしまい、継続的な性的関係に進んでしまうと、その後プレゼントは減少していくことが予想されます。もっとも多くのプレゼントを得るためには、期待は抱かせるが性行動はさせないという状況を長く維持することが重要です。そして実際、多くのキャバクラ嬢はこのような行動をとっています。

02

経済力があることがモテるかどうかを決定する

高級ファッションを身に着けていると男はモテる

このように考えてみると、男性がモテるためには、資源が多いことが必要だということになります。女性は「やりにげ」されないために、性行動（交尾）と引き替えに資源の提供を求めるからです。では、本当に資源を持っていることによってモテる度合いが変わってくるのでしょうか。

この問題をストレートに研究したものとして、タウンゼントとレビー（1990）の研究があります。この研究では、同じ男性がステータスの異なる2種類のコスチュームを着ている状態を女性に見せて、その魅力度を評定させました。低い社会的ステータス条件の男性は、ポロシャツを着てファストフードのハンバーガーチェーンのユニフォームをはおり、ブルーの野球帽をかぶっていました。もう一方の高い社会的ステータス条件の男性は、白いドレスシャツにデザイナーズネクタイ、ネイビーのブレザー、それにロレックスの腕時計をしていました。

魅力度の評定は、一緒にコーヒーを飲んで世間話をする、デート、セックスだけ、結婚も考慮に入れた真面目な交際、セックスと結婚を両方考慮に入れた真面目な交際、結婚の6つの条件について行われました。評定は、各々の条件で「とても魅力的に見える」から「まったく魅力的でない」まで5段階で行われました。その結果、すべての条件で、後者の男性が高い魅力度として評定されることがわかりました。女性が男性を評価する場合、あらゆるケースで経済力が魅力を規定したのです。

一方、高いステータスのファッションと低いステータスのファッションの女性を男性の評定者が評定するという、ほぼ同じ実験を男性を対象に行ったところ、ファッションの効果は見られませんでした。つまり経済的な条件が魅力度を左右するのは、女性が男性を評定する場合だけだったのです。

高い車に乗っているだけでいい男に見える

また、ダンとサール（2010）は、ステータスシンボルの高級車（シルバーのベントレー・コンチネンタルGT）または大衆車（赤いフォード・フィエスタST）に乗ってい

図 7-01　乗っている車とドライバーの魅力度の評定
(Dunn & Searle, 2010)

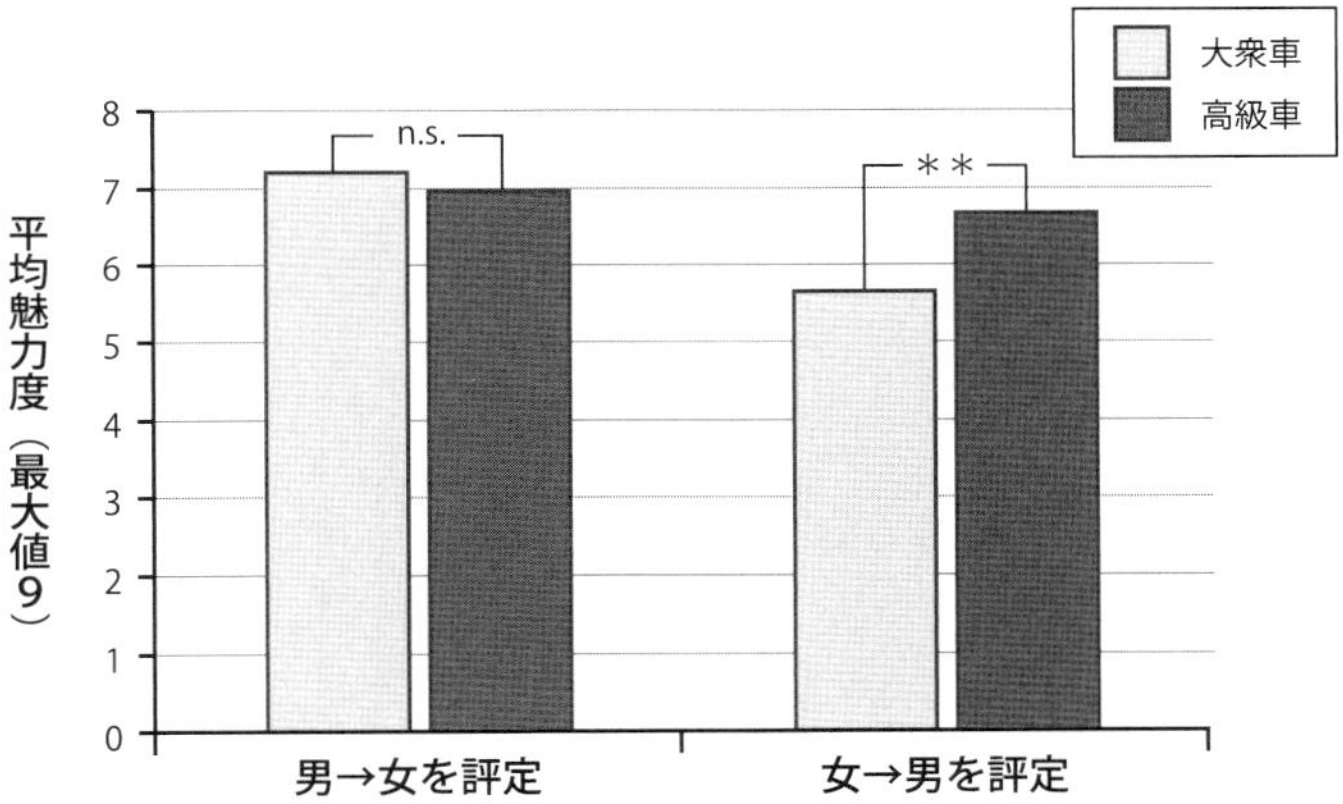

（＊＊　$p < 0.01$）⓸

る男性の写真か、あるいは女性の写真を実験参加者に見せて、その魅力度について10段階で評定させました。実験参加者になったのは、ウェールズのショッピング街に来ていた21歳から40歳の男女とウェールズ大学の大学生で、男性は女性の、女性は男性の写真について評定を行いました。

この実験の結果、男性が女性の魅力度を評定する場合には、乗っている車はまったく影響を及ぼしませんでしたが、女性が男性を評価する場合には、車の種類が影響を及ぼし、高級車に乗っている場合のほうが、魅力度が高く評定されることがわかりました【図７－01】。ここでもま

⓸統計的に有意差があることは、一般に＊（アスタリスク）を使って表されます。心理学では、＊は統計的に５％の危険率で有意、＊＊は１％の危険率で有意であることを示します。n.s. は 'not significant' ということで、統計的に差がないことを示します。

さに持っている資源が魅力度に影響したわけです。

高級車に乗ること、高級時計を着けることの意味

男性が女性を選択する場合は、幼型的特徴を持った顔やウエストのくびれやバストなどのビジュアルで一瞬で把握できるような刺激を重視するのに対して、女性が男性を選択する場合には経済的な価値を重視していることがわかりました。一般に相手の経済的な価値は一瞬でわかるわけではありません。それなりの時間と手間がかかります。男性がグラビアなどの一瞬で見ることができる視覚的なポルノグラフィーを好み、女性がコンテクストのある比較的長いロマンス小説を好むのはこれが理由だと考えられます。

しかし、女性にとっては、男性選択においてかかる時間と手間をなんらかの形で節約できればそれに越したことはないでしょう。そのための方法はいくつかあります。その方法の一つが、相手が身に着けているものをチェックするという方法です。タウンゼントとレビーの研究やダンとサールの研究はまさにその一つの例でした。ただし、実際には貧しいのに借金をして高級自動車を購入している人や、収入のほとんどをロレックスの時計1本につぎ込んで「偽装」している人も少なくないので、精度はあまり良くないかもしれませ

ん。このようにステータスを示すもの一点に集中的に投資するというのは、女性にはあまり見られませんが、男性には比較的よく見られる行動です。

また、相手の学歴をチェックするという方法もあります。学歴は多くの場合、その個体の能力や生涯賃金、とくに今後、定期的に支払われる賃金などを予測する良い指標になりますので、手っ取り早く相手を判断するのにはかなり効率的な方法です。さらに、高級自動車や高級時計のように一時的な努力や借金で入手することはできないので、身に着けているもので判断するよりも、より信用できる指標かもしれません。ただし、男性は自分の学歴や仕事上での地位についてウソの申告をすることが多いことも知られています（これに対して女性が学歴を「偽装」することはそれほど多くありません）ので、この点は注意しなければならないところです。

男はセクシーな女性を見るとステータス関連刺激に注意が行く

このように、男性は女性に対して経済力でアピールすると効果があるため、魅力的な女性を見ると、ステータスに関連した刺激に敏感になると予想されます。「なんとか自分がステータスのある人物であると見せなくてはならない」と無意識的に動機づけられるわけ

1
2
3
4
5
6
7
8
9
10

図 7-02　質素な服またはセクシーな服着用とステータス関連刺激の再生率の関連（Janssens et al., 2011）

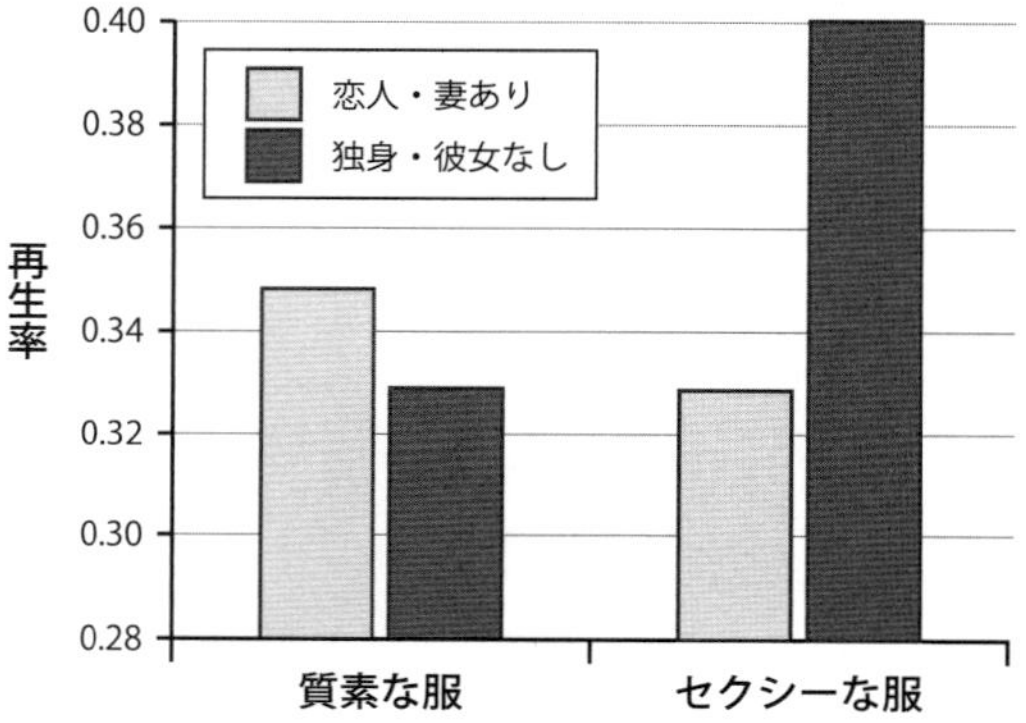

です。この現象を実験的に示したのがジャンセンズら（２０１１）の研究です。

彼らは、男性の実験参加者を募り、実験室に来てもらって記憶の実験を行いました。実験参加者は円環状にさまざまなものが６個並べられた刺激（ホッチキス、傘、トイレットペーパー、鉛筆などの写真）を１秒間観察し、直後にそこにあったものを再生する課題を遂行します。じつはこの６個の中に１つだけステータスシンボルになるようなものが含まれていました。具体的にはポルシェやアストンマーチンなどの高級車、ブライトリングの高級腕時計、モンブランの万年筆などです。調査されたのは、男性の実験参加者がこのようなステータスシンボルで経済性の象徴となるものをどれだけ知覚し、再生するか、つまり、6個のもののうち、これらの刺激にどれだけ注目するかということでした。

実験状況は2つで、一つは質素で地味な服を着た女性が刺激の写真を提示する場合です。もう一つはボディコンシャスでセクシーな服を着た女性が提示する場合です。この実験を行ったところ、女性がセクシーな服を着ていた条件では、実験参加者はステータス刺激をより多く再生することがわかりました。ただし、この傾向は実験参加者が、独身で彼女がいない場合にだけ起こりました。つまり、フリーの独身男性は、魅力的な女性を見るとステータスに関連した刺激に注目しやすくなるのです【図7－02】[05]。

[05] この図で再生率は、実験参加者のうち、ステータス関連刺激を想起した人の割合を指します。

03

男は経済力、女は身体的魅力

恋人募集広告における性差

ここまで述べてきたように、男性は経済力、女性は生殖力のシグナルとなる身体的魅力が重要であるという性差があるならば、「恋人募集」市場において、男性は自らの経済力を、女性は自らの身体的魅力を宣伝することによって、もっとも効果的に自分を売り込むことができるはずです。これを検討したのが、グリーンリーズとマックグルー（1994）の研究です。

彼らは、イギリスで広く読まれている雑誌である『プライベート・アイ』の eye love という恋人募集広告を分析しました。分析対象としたのは、1987年の7月号から1989年の12月号までの中からランダムに選んだ22号の1599例の募集広告です。彼らは、男性が女性の交際相手を募集するときの文句と、女性が男性の交際相手を募集する文句の中に以下のカテゴリーの言葉がどれだけ含まれているかを分析しました。

図 7-03　恋人募集広告における身体的外見と経済的資質
(Greenlees & McGrew, 1994)

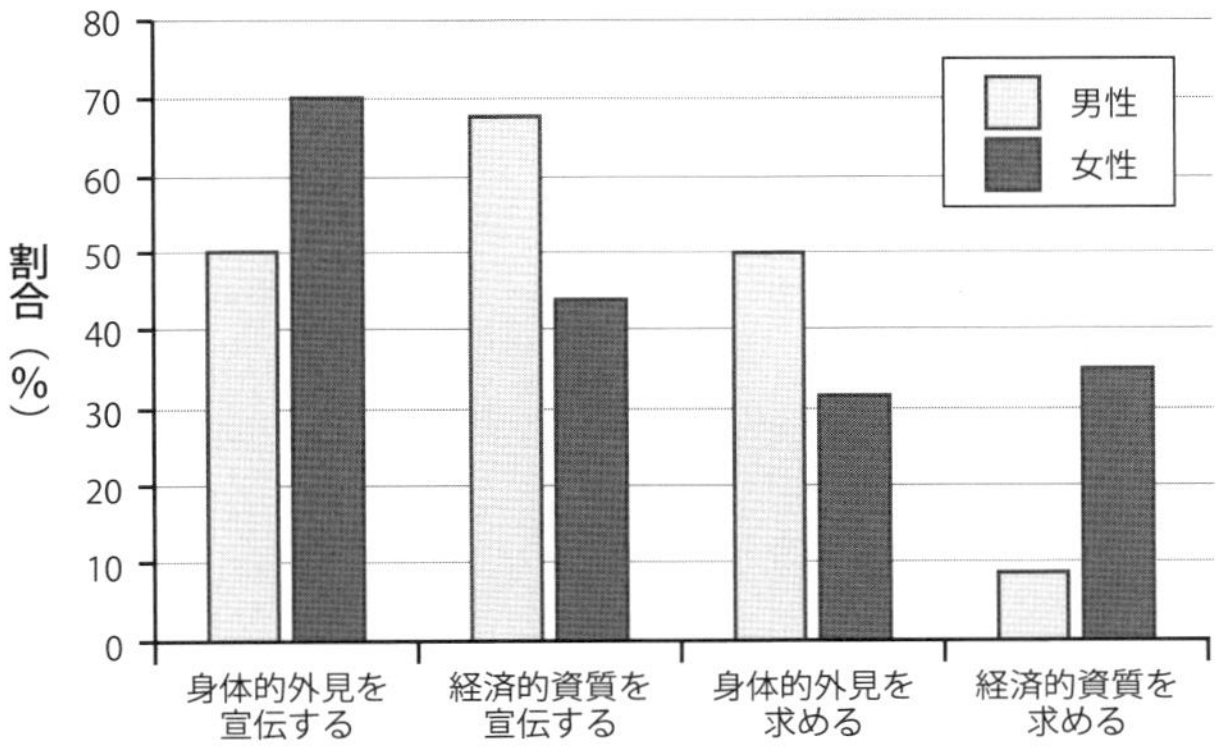

（1）身体的外見：魅力的（attractive）、外見良し（good-looking）、背が高い（tall）、スリム（slim）、筋肉質（muscular）などの表現を含んでいる。

（2）経済的資質：金持ち（rich）、大学卒（graduate）、成功者（successful）、家持ち（house owner）、支払い能力あり（solvent）、裕福な（wealthy）などの表現を含んでいる。

その結果、男性が女性に自分を売り込む場合には、身体的外見よりも経済的資質をアピールすること、女性が男性に自分を売り込む場合には、経済的資質よりも身体的外見をアピールすることがわかりました。また、逆に男性が女性に求めているものは、経済的資質よりも身体的外見で、女性が男性に求めているのは身体的外見よりは経済的資質でした【図7－03】。

相手の心が離れそうなときにとる戦術の性差

また、バスとシャッケルフォード（1997）は、恋人の心が離れそうになった場合の、対応策の性差について分析しました。男性は経済力、女性は身体的な魅力が異性を引きつける重要な要因だとすれば、このような緊急事態においては、男子はより経済的な方法をとって女性をつなぎ止めようとし、女性はより身体的な方法を使って男性をつなぎ止めようとするはずです。

調査の結果、実際に、男性はふられそうになった場合に、高価なプレゼントを買うなどして自らの資源を誇示するような戦略をとりやすく、また女性は化粧をするなどの身づくろい行動が促進されることがわかりました。

また、妻の年齢が若いほど、あるいは夫が妻を身体的に魅力的だと思っていればいるほど、夫が妻に対してこのような戦術を日常的にとっていることがわかりました。一方で、妻が夫に対してこのような戦術をとるのは、年齢や夫の身体的魅力にはあまり関係がなく、夫の収入が同世代の男性に比べて多い場合ほど顕著であることがわかりました。

男は体の浮気に、女性は感情的な浮気にジェラシーを感じる

ここで浮気の問題について考えてみましょう。いままで何度も論じてきたように、男にとって危険で、もっとも防がなければならないのは、配偶者が自分以外の子どもを作ってしまうことです。とくに性的な浮気では１回の性行為で子どもができてしまう可能性があり、その場合、気づかぬうちに自分と血のつながっていない子どもを育ててしまうというリスクを背負うことになってしまいます。そのため、男性は浮気、とくに体の浮気に敏感であることが予想されます。

一方で女性は、男性から継続的な援助を受け続けることができる、というのがもっとも適応的な状況です。「やりにげ」されてしまえば、子どもを自分一人で育てなければならなくなるからです。そのため、女性は継続的な関係が失われる危険性の大きな心の浮気、つまり夫の心が別の女性に奪われるということを恐れるはずです。これに対して体の浮気は、一時の遊び的なものであるならばそれほど問題とならないはずです（もちろん、これによって相手が妊娠した場合、ある程度の資源が取られてしまう危険性はありますが）。

この問題を調査したのが、バスら（1992）のグループです。

バスらは、202人の大学生に対して次のようなジレンマ課題を行わせました。「あなたが過去につきあった、いまつきあっている、今後つきあいたいと思っている人が、あなた以外の別の人と次の2つの状況になったと想像してください。この場合、あなたがストレスを感じたり動揺したりするのはどちらですか。1つだけ選んで○をつけてください」
（a）あなたのパートナーが他の誰かと深い感情的な結びつきを築いている。
（b）あなたのパートナーが他の誰かと情熱的な性関係を結んでいる。
この実験の結果、回答には男女で大きな差が現れました。男性は60％が（b）のほうがストレスを感じたのに対して、女性でこちらを選択したのはわずか17％であり、じつに83％が感情的な結びつきのほうを選択しました。

いま述べた研究は、どちらがジェラシーを感じるのかを直接聞く方法だったのですが、バスは、第2研究で今度は体に聞いてみる、つまり、体の生理反応からどちらの状況が人々をいらつかせるのかを調べようと考えました。彼は大学生の実験参加者の皮膚電気反応、心拍、筋電位を測定しながら、自分のパートナーが異性と性的な関係を結んでいるところか、自分のパートナーが異性と感情的な結びつきを形成してしまうという、2つの状況をイメージさせました。すると、男性はパートナーが性的な浮気をしている場合に、女性は感情的な浮気をしている場合に、より生理的な喚起が生じることが示されました。

「男は経済力、女は身体的魅力」は文化的なものなのか

男性が女性配偶者を選択するとき身体的特徴を重視し、女性は男性の経済力を求めるというこの性差は、もとはといえば生物学的な理由から生じているのだというのが、ここまでの議論です。しかし、このような議論に対して、むしろこのような違いは文化的、とくに西洋的あるいはアメリカ的な文化が大きく影響しているのではないかという反論がなされることがあります。いったいこのような傾向は生物学的なものなのでしょうか、それとも文化によるものなのでしょうか。

これを確認する一つの方法は、世界中のさまざまな文化を見てみることです。もし、このような傾向が生物学的な理由に基づいているのならば、このような傾向はどの文化でも見られるということになります。これに対して、文化がこれらの傾向を規定しているとすると、とくにアメリカ文化などの影響が少ない地域ではこれとはまったく異なった傾向が生じてくることも考えられます。

バスのグループの大規模な国際研究

そこで、バス（1989）のグループは、ヨーロッパや北アメリカだけでなく、アフリカ、オセアニア、南アメリカ、そして日本を含むアジアなどの多様な文化、合計37の文化圏の男女に配偶者選択に関する大規模な質問紙調査を行い、このような現象が生じるかについて調べました。

その結果、「女性は男性よりも経済力に重きを置く」ことについてはじつに36の文化圏（97%）で支持されました。残りの一つの文化では、経済力に重きを置く度合いに男女で差がありませんでした。また、「男性は女性よりも身体的魅力に高い価値を置く」としたのは34の文化圏（92%）、「男性は自分よりも若い女性を好む」は、37すべての文化圏で支持されました[06]。これらのことは、いままで述べてきたことが文化によって規定されているものではなく、むしろ生物学的な原因に基づいているということを示唆しています。

純潔性の価値はなぜ低下しているのか

さて、前章では男性は女性の身体的魅力を重視するとともに「過去に性的な経験のない

[06] 生物学的な説が正しいとすれば、第5章で述べたとおり、男性はどの文化圏でも幼型的特徴を持つ若い女性に、より高い魅力を感じることが予想されます。

（純潔性）」ことを重視するということを述べました。バスらの調査では、この項目も調査されています。ところが、この項目については、23の文化圏（62％）でしか支持されず、14の文化圏では、男女に差がありませんでした。もちろん、逆の傾向を持っている文化圏はなかったので、基本的にはこの現象が文化でなく生物学的な要因に規定されているのだという説に反論するものではなく、むしろ支持するものなのですが、前述の他の質問が、どの文化でも男女で大きく差があるにもかかわらず、純潔性についてはそれほどの差がないことが興味深いところです。

ちなみに純潔性を重視する程度に差がない国としては、中国やスウェーデンが挙げられます。中国では男女ともに婚姻前には性交渉をしてはならないという強い文化があります。そのため、天井効果⓻で男女の純潔性を重視する割合に差が出なかったと考えられます。一方、スウェーデンでは中国とは逆に婚姻前の性行動がオープンでカジュアルに行われており、むしろ性的な体験がないことがネガティブな印象を生じます。そのため、床効果《ゆか》⓼で男女差が出なかったと考えられます。このようなことから、「男性が女性に純潔性を求める」ということでなく、「純潔性の要求に男女で差がない」ということのほうが、文化によって影響を受けているものだと考えられます。

⓻天井効果とは、データが最大値に偏ってしまい、差が検出できない状態。
⓼床効果とは、データが最小値に偏ってしまい、差が検出できない状態。

とはいえ、男性が女性に過去の性体験のなさを要求する率は、近年大きく減少しているといわれています。バスは、その原因は避妊具や避妊法の発達にあると考えています。避妊具が発達していない社会では、性行為はそのまま妊娠可能性と結びつきますが、それが発達した社会では、性行為は必ずしも妊娠の可能性と結びつかないからです。

また、生殖医療の発達やその知識の集積によって、妊娠中の子どもが夫の子どもであるか、夫以外の子どもであるかが明確に判断できるようになってくると、さらにこの要因の重要性は小さくなることが予想されます。しかしながら、男性との性行為の経験のない女性への志向は我々が進化によって獲得してきたものであるため、ここしばらく（たぶん百年くらい）は消失してしまう可能性は少ないのではないかと考えられます。

この章のまとめ

本章では、魅力的な男性とは何かという問題について検討しました。女性が配偶行動において気をつけなければならないのは「やりにげ」の問題で、これを防ぐためには男性側に経済的な先行投資などを要求することがわかりました。また、長期的な関係を築く場合にも経済的な要因は重要です。このため、男性が女性の若さや生殖力などに関心を持つのと同じように、女性は男性の経済的な特性に関心を持つのだということがわかりました。そして、比較文化的な研究からこれは文化の違いに依存しない現象であり、文化というよりも生物学的な基礎があることが示されました。

第8章

マッチョで男らしい男がモテる条件

01

強い男はモテるのか

男の顔や体はどうでもいいのか

前章では、女性から見た男性の魅力において、経済力が重要であるということをお話ししてきました。では、経済力さえあれば他のものはどうでもいいのでしょうか。

実際、人間以外の動物の中には、なわばりの大きさやメスに差し出すプレゼントの量・質などの「経済力」でモテるかどうかがほとんど説明できてしまうものも存在しています。しかし、人間の場合、お金があってもモテない人や、お金がなくてもモテる人がいるのは身の回りを見れば明らかでしょう。また、第1章で挙げたウォルスターの研究でも経済力の問題でなく、単に外見が良い人がモテたわけですし、男性についても平均顔は魅力的に感じられますが、これも経済力とは関係ない要因です。では男に必要な外見はどのようなものなのでしょうか。

女性の求める男性の職業

この問題を考える前に少し脱線して、コックスとフィッシャー（２００９）の研究を見てみましょう。この研究では、女性が男性に何を求めるのかを分析するために、女性が好んで読むロマンス小説において、登場人物がどのような職業に就いているかが分析されました。このような小説には、まさに女性が夢に描くあこがれの状況が書かれているため、女性が何を求めているのかがストレートに表れていると考えられるからです。

分析の結果、描かれている職業ベスト20は【表8－01】のようになりました。このうち、ナースや助産師、秘書については主人公となる女性の職業だと思われますが、それ以外の職業は大きく分けて2つの特性を持っていることがわかりました。

まず、経済的な優越性を持っている職業です。王子や王、ＣＥＯ、エグゼクティブなどがそれに当たります。専門的な技能を持っているがゆえに生涯にわたって高収入が約束されている医師や外科医もこの中に入ってきます。このような職業の人がモテるのは、いままでの議論からも明らかです。

ところが、このリストを見てみると、必ずしもお金を持っていないような職業でも、モ

表 8-01 ハーレクインロマンスに登場する職業ベスト 20
(Cox & Fisher, 2009)

1	医師	388	11	保安官	40
2	カウボーイ	314	12	兵士	38
3	ナース (*)	224	13	法執行者	32
4	ボス（上司）	142	14	海賊	28
5	王子	122	15	秘書 (*)	23
6	牧場主	79	16	コンサルタント	21
7	騎士	77	16	助産師 (*)	21
7	外科医	77	18	牛飼い	16
9	王	55	19	CEO	15
10	ボディーガード	41	20	エグゼクティブ	13

（＊は女性の職業、数字は登場回数）

テている人がいることがわかります。それは、カウボーイ、兵士、海賊、ボディーガード、保安官などです。では、このような職業に共通するものは何でしょうか。そうです。それは肉体的な強さです。

マッチョな職業の男はモテる

では、このような肉体派の職業は本当にモテるのでしょうか。この問題を検討した研究として、ゲゲン（２００９）の研究があります。ゲゲンはマッチョ（筋肉が発達している肉体派のこと）な職業の代表として、消防士を取り上げました。消防士は誰もが肉体派の職業と考える代表的なものです。もしそうなら、人は消防士であるだけ

表8-02 消防士のコスチュームと笑顔を返される割合
(Guéguen, 2009)

		笑顔率	笑顔の度合い
<街中>	消防士	86.7%	1.72
	一般人	23.3%	1.15
<バー>	消防士	62.5%	1.63
	一般人	17.5%	1.21

でモテるはずです。そこで、ゲゲンは消防士の格好をしていると女性から好意を持たれるのかについて街に出て実験を行いました。

男性のサクラは消防士のユニフォーム（ブーツ、消防士用のズボン、消防士のTシャツ）を着るか、あるいは一般人の格好（ジーンズにスニーカー）という姿で、実験を行いました。最初の実験は街中で行われました。サクラの男性はすれ違った最初の一人歩きの若い女性に笑顔を向けました。測定されたのは、相手が笑顔を返すかどうかです。また、もし相手が笑顔を返したときには、その笑顔の度合いについてサクラに評定させました。評定は2段階で、もし相手が顔全体で笑顔を作っていて歯が見える場合には2点、そこまで至らない笑顔の場合には1点がつけられました。

また、次の実験はバーで行われました。サクラの男性はバーに入ると一人で座っている女性に笑顔を向けました。やはりここでも相手が笑顔を見せるかどうかと、その笑顔の度合いについて評定しました。この実験の結果、街中でもバーの中でも消防士の格好をしている男性のほうがより笑顔を返されることがわかりました【表8－02】01。

男性は筋肉質の逆三角形型の肉体が魅力的

では、そもそもマッチョとは、どのような身体的特徴を持つ人々なのでしょうか。よく「胸板が厚い」などといわれることがありますが、これは胸の筋肉が発達していることを意味します。この場合、上半身は、逆三角形になります。このようなボディの特性を示す指標として用いられるものとしてWSR（ウエスト＝肩比率。WSR＝ウエスト幅／肩幅）があります。では、筋肉が発達してWSRの小さな（ウエストに比べて上半身がしっかりしている）男性は本当に魅力的だと判断されるのでしょうか。

ディクソンら（2003）は女性の実験参加者に男性の背面から見た線画を呈示して、さまざまなWSRの身体の魅力度を評定させました。その結果、筋肉質の体型では、WSR＝0.6のときに男性の体型の魅力は最大になることがわかりました。この比率だと

01 もちろん、この実験で効果があったのは「消防士」ではなく「制服」だった可能性も捨て切れませんが…。

まさに逆三角形型の体型になります。ちなみに脂肪質の体型では、WSRと体型の好みの間には明確な関係は見られませんでした（脂肪質というだけで、全体的に魅力は低く評価されました）。

また、ブンクとダイクストラ（2005）は、男性の実験参加者にさまざまな体型の線画を見せて、「この男が自分のパートナーに恋をしていた場合、どの程度嫉妬するか」について評定させたところ、嫉妬の度合いは、相手の肩幅と関係していて、肩幅の大きい男性に対してのほうがより嫉妬しやすいということがわかりました。

なよなよすると男は急激にモテなくなる

前に女性の身体的魅力はウエストのくびれが重要であるということを述べました。では、男性の身体的魅力ではウエストはどのように評価されるのでしょうか。この問題を最初に検討したのはシン（1995）で、さまざまにウエストをくびれさせた線画を使って、その身体の魅力度を評定させました。その結果、男はWHR＝0.9程度がもっとも魅力的だということがわかりました。

同様なことは、同じ線画を用いて研究したヘンス（1995）も明らかにしています。

図8-01 男性と女性の線画に対する魅力度評定とWHRの関連（Henss, 1995）

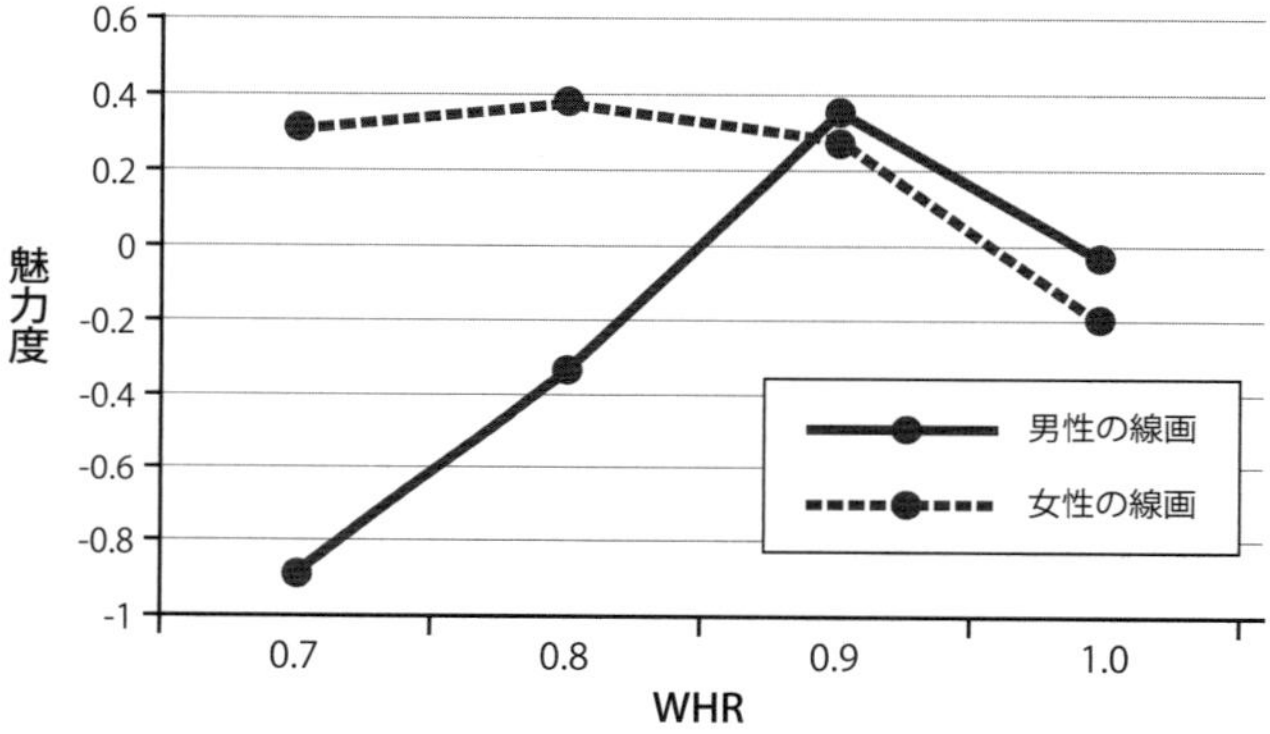

彼の研究では、女性の線画では、シンが最初に提唱したWHR＝0.7よりもわずかに太いWHR＝0.8が一番魅力的だという結果となりました。興味深かったのは、女性の線画の場合、WHRが0・9、0・8、0・7と変わっていっても、魅力度はそれほど大きく変化するわけではなかったのに対して、男性の場合には、WHRが0・9から0・8、0・7へと変化するに従って、魅力度が急激に下降した点です【図8－01】[02]。

確かに、刺激を見るとウエストがくびれている男性は女性的で「なよなよ」しているように見えます。つまり、男性の場合、身体が女性的になると急激に魅力

[02] この図の魅力度は、「身体的魅力」「セクシーさ」「ファッショナブル」などの評定項目の得点を合わせたものです。正確には、因子分析で抽出された魅力因子の因子得点の平均値を表します。

が低下してしまうのです。ウエストのくびれは女性ホルモンが作り出すので、これは女性が女性ホルモンの多い男性を避けるためのメカニズムとして進化してきた可能性がありま
す。

02

マッチョで男性的な男よりも女性らしい男がモテるとき

超男性顔は超モテるのか

このようにマッチョな職業、たくましい肉体がモテるのは、なんとなくわかります。阿部寛のようなセクシーで筋肉質の体の男性は男から見てもかっこいいですし、やはりモテて当たり前でしょう。とすると、顔に関しても阿部寛のような彫りの深い男性的な顔はモテるという予測が立ちます。そこで、第5章で超女性顔を作ったのと同じ方法を用いて、つまり男性の平均顔をより男性的な方向に誇張した超男性顔を作れば、その顔は超魅力的な顔になるのでしょうか。

この実験を行ったのは、ペレットら（1998）のグループです。彼らは白人の顔と日本人の顔について実験を行いました。実験参加者はディスプレイの前でコンピューター上のバーを操作してもっとも魅力的な顔を選ぶ課題を行いました。これを操作すると、顔が50％女性化顔から平均顔を経て50％男性化顔まで変形していきます。この中でもっとも魅

1 2 3 4 5 6 7 8 9 10

図 8-02　白人と日本人の 50%女性化顔と 50%男性化顔
(Perrett et al., 1998)

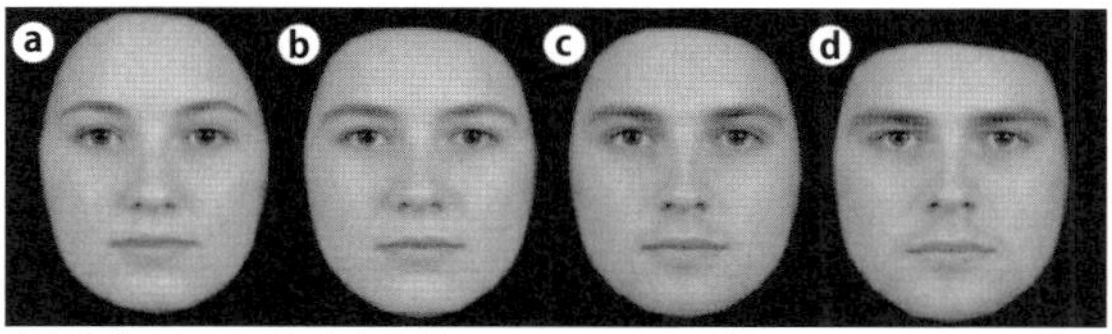

a 白人女性の 50% 女性化顔　b 白人女性の 50% 男性化顔　c 白人男性の 50% 女性化顔　d 白人男性の 50% 男性化顔

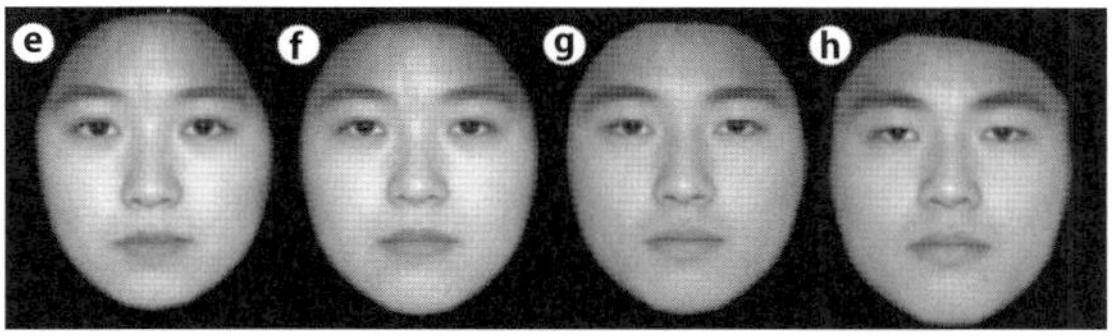

e 日本人女性の 50% 女性化顔　f 日本人女性の 50% 男性化顔　g 日本人男性の 50% 女性化顔　h 日本人男性の 50% 男性化顔

図 8-03　白人と日本人の刺激に対するもっとも魅力的な女性化率 (Perrett et al., 1998)

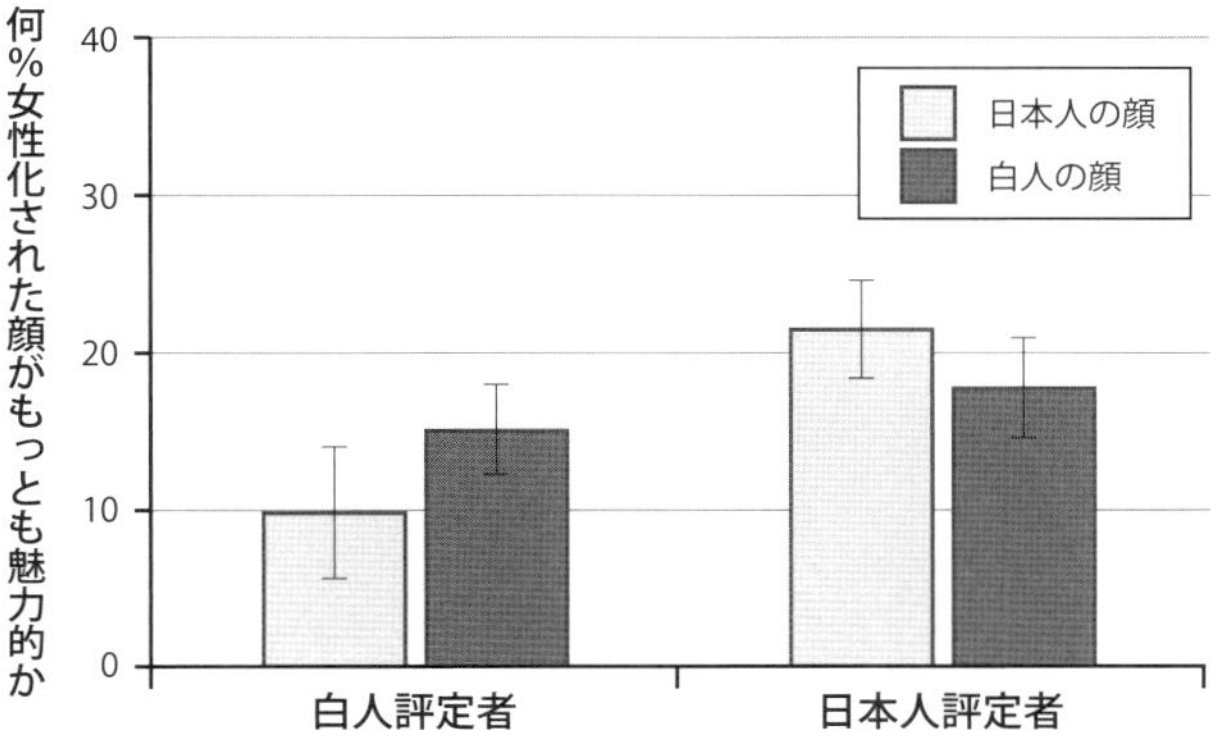

力的な顔を選択するのです。【図8－02】は、白人と日本人、男性と女性それぞれの50％女性化顔と50％男性化顔です。

この実験をやってみたところ、もっとも魅力的だと判断されたのは、超男性顔ではなく、むしろ平均顔を10～20％女性化した顔だったのです。この傾向は男性の実験参加者でも女性の実験参加者でも同様でした【図8－03】。これは予想外の事態になってきました。

女性雑誌に載っている男はマッチョじゃない

一方、身体的なマッチョについても興味深い現象が見られます。もし、女性がマッチョな男性を好きならば、女性雑誌に載っている男性はどちらかといえばマッチョタイプの人が多くなることが予測されます。このような雑誌では理想的な男性が載っていることが予想されるからです。

フレデリックら（2005）のグループは女性読者が多い雑誌と男性読者が多い雑誌を用意し、その表紙やセンターグラビアに載っている男性モデルの写真の筋肉度について大学生に評定させました。評定に用いたのは、「マッスル・シルエット・メジャー」という基準で、ここでは筋肉があまりない男性から筋肉もりもりの男性まで8人が等間隔で並ん

表 8-03　雑誌モデルごとに見た筋肉度（Frederick et al., 2005）

雑誌	筋肉度（max ＝ 8）
コスモポリタン	4.26
メンズ・ヘルス	5.77
メンズ・フィットネス	6.27
マッスル＆フィットネス	7.50

でいて、評定者はグラビアの男性の筋肉度と同じ程度の筋肉度の男性シルエットを選択するように要求されました。1は筋肉のないひょろひょろした肉体、8はムキムキの筋肉質のがっちりした肉体です。

研究の結果、雑誌ごとの平均筋肉度は【表8－03】のようになりました。このうち、『コスモポリタン』は主に女性が読む雑誌です。この結果を見ると、主に男性が読むその他の雑誌に比べて、モデルの筋肉度は低いことがわかります。なお、もっとも筋肉度が高かったのは『マッスル＆フィットネス』誌でしたが、これはボディービルの雑誌です。この結果を見てもわかるように女性雑誌に載っている男性モデルは、じつはそれほどマッチョではありません。フレデリックらは、男性が読む雑誌に載せられた男性はマッチョで、男はそういう体が女性から見ても魅力的だと感じているかもしれないが、実際には女性も、そこまでマッチョな男性を求めていないのではないかと述べています。

また、日本の男性人気アイドルグループ、とくにジャニーズ系のグループは「男臭い」男性的なメンバーは、むしろあまりいません。これも女性はマッチョ好きという研究と矛盾した結果です。

03

「マッチョで男らしい男」がモテる条件

「マッチョで男らしい男」対「女性らしさを持っている男」

ロマンス小説を分析するとマッチョな職業のヒーローがモテたり、筋肉がある人や消防士がモテたりする一方で、女性雑誌に載っている男性は必ずしもマッチョではなかったり、顔の魅力については女性的な特徴を持つ男性がもっとも魅力的だと思われたりする。これはいったいなぜなのでしょう。

研究の結果、女性は男性を選択するときに「マッチョでより男らしい男」を選ぶ場合と「女性らしさを持っている男」を選ぶ2種類の戦略があり、いろいろな条件によってこのどちらが選ばれるかが異なってくるということがわかってきました。

男らしい顔や体を持っているということは、基本的には、男性ホルモンが多いということを意味しています。これは、男性としての高い生殖力を示すものなので、基本的にはすべての女性に好まれていいはずなのですが、実際には必ずしも好まれるわけではありません。

じつはこのような「男らしい男」を選択する場合にはいくつかのリスクもあるのです。一つは、このような男性は生殖力が強いため、自分の遺伝子を最大限残すために、一人の女性との間で家庭を作って、そこで少数の子どもを作り育てるというよりは、多くの女性と短期的な関係を築くという方略のほうが有利になる可能性があります。つまり、「やりにげ」方略、子どもの養育には投資を行わないという方略をとりやすくなるのです。女性から見るとつまり「男らしい男」は、生殖力があるが「やりにげ」される可能性があるちょっと危険な存在ということになります。

このような危険な存在をあえて選択するということも可能ですが、危険を避けて長期的な関係を築くためには、「女性らしさを持っている男性」を選ぶのもいい選択かもしれません。この場合、それほど「モテる」要素を持っているわけではないし、女性的な特性を持っている可能性があるので、「やりにげ」されずに、じっくりと自分の子どもの養育に投資を行ってくれるかもしれません。

危険だが生殖力の強い「男らしい男」を選好するという前者の行動は短期的配偶戦略と呼ばれます。これはカジュアルセックスの相手や、配偶者のある人が浮気相手を選択するときに使われやすい戦略です。「やりにげ」せず長期的に関係を築いてくれる男を選好するという後者の行動は長期的配偶戦略と呼ばれます。この方略は夫を選択する場合に使われやすい戦略です。

では、どのような場合に女性は「男らしい男」を魅力的だと感じ、どのような場合に「女性らしさを持った男性」を魅力的だと感じるのでしょうか。この問題をもう少し詳しく見てみましょう。

魅力的な女性ほど「男らしい男」が好き

リトルら（２００１）は、女性自身の魅力が「男らしい男」が好きか「女性らしさを持っている男性」が好きかと関連していることを明らかにしました。彼らは、男性平均顔を中心に男性特徴を50％プラスした超男性顔から、男性特徴を50％弱めたマイナス50％男性化させた顔のペアまで、5％刻みで11枚の顔写真を用意し、それらの写真を呈示して「この人と長期的に交際する場合を考えて、その魅力度を評定してください」といって魅力度を評定させました。また、評定者自身の魅力度も同時に5段階で評定させました。

この実験の結果、全体のデータを混ぜて分析してみると先行研究どおり、やや女性的な

図 8-04 自己評定された魅力度ごとに見たもっとも魅力的に見える男性化率（Little et al., 2001）

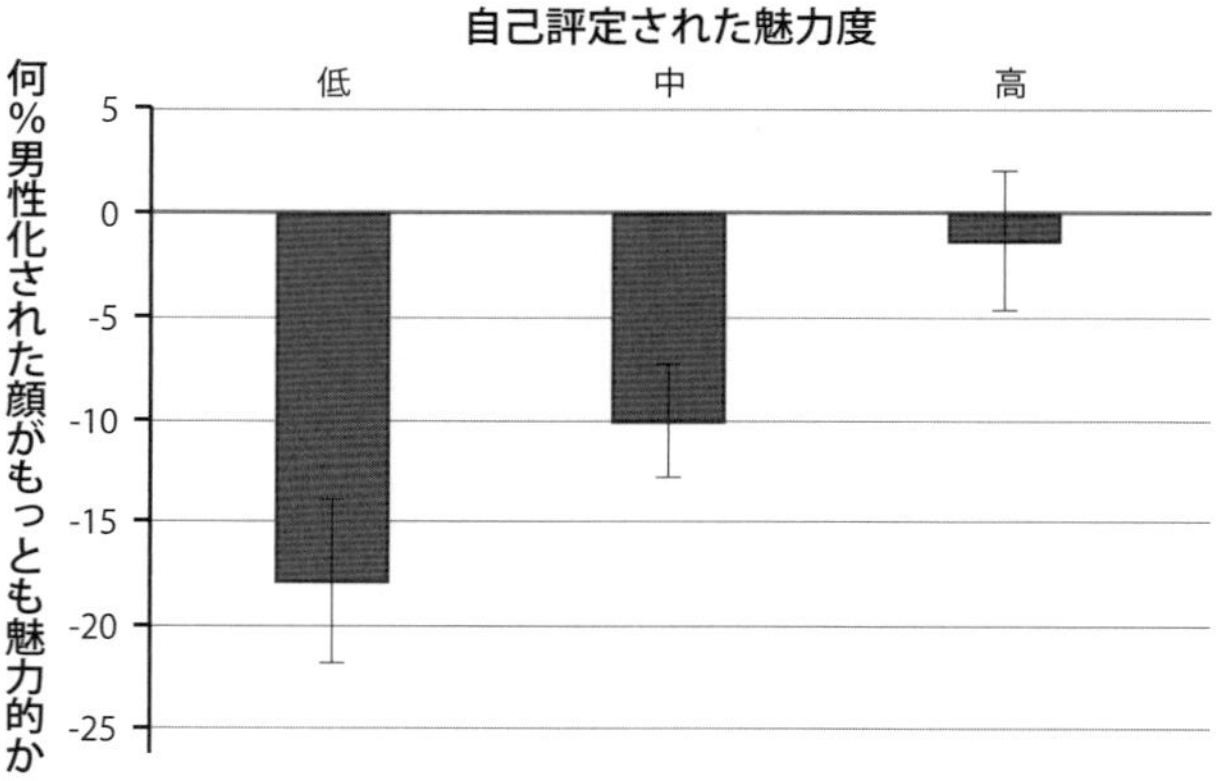

顔がもっとも魅力的だと判断されることがわかりました。しかし、評定者自身の魅力度自己評価をもとに、評定者魅力低（1～2）、平均（3）、高（4～5）に分け、それぞれの群で、どの顔が魅力的なのかを評定させたところ、評定者自身の魅力度が高くなればなるほどより男性的な顔が好まれることがわかりました【図8－04】[03]。

また、スミスら（2009）は、女性のWHRが「男らしい男」好きと関連していることを示しました。この研究では、18歳から26歳の女性の実験参加者に、男性の写真一対を見せてどちらがより魅力的か、そしてどちらが信頼できるかにつ

[03] しかし、全体的には女性化された顔が人気があり、もっとも魅力的な女性でも好むのは男性度マイナスの顔でした。

いて判断させました。このペアは同じ男性モデルの写真でしたが、男性のペアの一方は50％男性化した顔で、もう一方は50％女性化した顔でした。

実験の結果、男性化した顔が好まれたのは42％、男性化した顔が信頼できるとされたのは38％にすぎず、女性化した顔のほうが魅力的でかつ信頼できると認知されました。次に、男性化した顔についての好みと女性の身体的特徴との関係について分析したところ、ＷＨＲが小さい女性ほど、「男らしい男」を魅力的だと判断していることがわかりました。ちなみにＢＭＩは「男らしい男」好きと関連を持っていませんでした。

このように女性が魅力的である場合に、「男らしい顔」への選好が高いことがわかっていますが、このような女性は、自らの魅力によって男性が「やりにげ」することを防ぐことができるために、あえて「女性らしさを持っている男性」でなく、「男らしい男」を選択する行動をとっているのかもしれません。男性側から見ても女性が魅力的であれば、「やりにげ」方略をとるよりは、その女性との間の子どもを長期的配偶戦略によってじっくり育てたほうが、進化の観点から有利である可能性もあります。

性欲の強い女性は「男らしい男」が好き

また、性行為への志向性が強い、つまり性欲の強い女性の場合には、「男らしい男」が好きという現象も知られています。

ウェリングら（2008）は、男女8人ずつの顔を男性化、あるいは女性化したものを131人の女性に見せて、どちらが魅力的に見えるかを判断させました。また、同時に実験参加者自身の性欲の強さを1（弱い）から7（強い）まで7段階で評定させました。その結果、やはり平均的には従来の研究どおり、少し女性化した男性の顔がより魅力的だと知覚されましたが、性欲の評定値と顔の好みには密接な関係があることがわかりました。つまり、自分が性欲が強いと判断した女性は、弱いと判断した女性に比べてより「男らしい男」を魅力的だと判断しました。

また、ウェインホースら（2005）は、性的な関心が高く、一夜限りの性的な関係を持つことに積極的な女性においても、同じように「男らしい男」への選好があることを示しています。

04

月経周期が女性に与える影響

「男らしい男」が好きになる時期がある?

ここまで、女性が「男らしい男」を好きになる場合について論じてきましたが、この問題に関してもっとも注目を浴びた研究は、個人内でもじつは「男らしい男」が好きな時期と「女性らしさを持った男性」が好きな時期が両方現れることを明らかにした研究です。そして、これは女性の月経周期と関連していることがわかりました。

女性には、約28日の月経周期があります。月経周期は4つのフェイズに分かれています。「卵胞期」は、ホルモンの分泌により卵胞が成長する時期です。成熟した卵子は「排卵期」で卵巣の外へ飛び出します。ここで、子宮は受精卵を育てるための次の「黄体期」に入ります。この期間は受精への準備期間です。この黄体期に、受精しなかったり、受精しても妊娠しなかったりしたときは、「月経期」に不要になった子宮内膜が体外に排出されます。

もっとも妊娠しやすいのはこの排卵期前後ということになりますが、どうやらこの時期

1
2
3
4
5
6
7
8
9
10

に男性に対する好みが変化し、「男らしい男」を選好するようになるというのです。

排卵期には男らしい男が好き

ペントン＝ボークとペレット（2000）は、5つの男性の顔を用いた実験を行いました。5つのうちの一つは標準的な顔で、ほかには、それを50％男性化したもの、30％男性化したもの、30％女性化したもの、50％女性化したものでした。この5枚の写真を『トゥモローズ・ワールド』という総合雑誌に載せて、女性読者にこの5枚のうちのどの写真がもっとも魅力的に見えるかを判断させたのです。

また同時に、妊娠・経口避妊薬使用の有無、そして前回の月経開始日についての質問に答えてもらい、回答を料金受取人払いの郵便で提出させました。すべての項目に回答した178人のデータが分析対象となりました。彼女らのデータはまず、妊娠可能性の高い日（排卵期）と妊娠可能性の低い日（それ以外の日）に分けられ、それぞれの条件でもっとも魅力的な顔として選ばれたものが集計されました。

その結果、妊娠の可能性の高いときには男性化率がプラス30％のより男性的な顔が好まれ、妊娠可能性の低いときには男性化率がマイナス30％、つまりより女性化された顔が好

図 8-05　妊娠可能性と好みの男性顔における男性化率の関係
(Penton-Voak & Perrett, 2000)

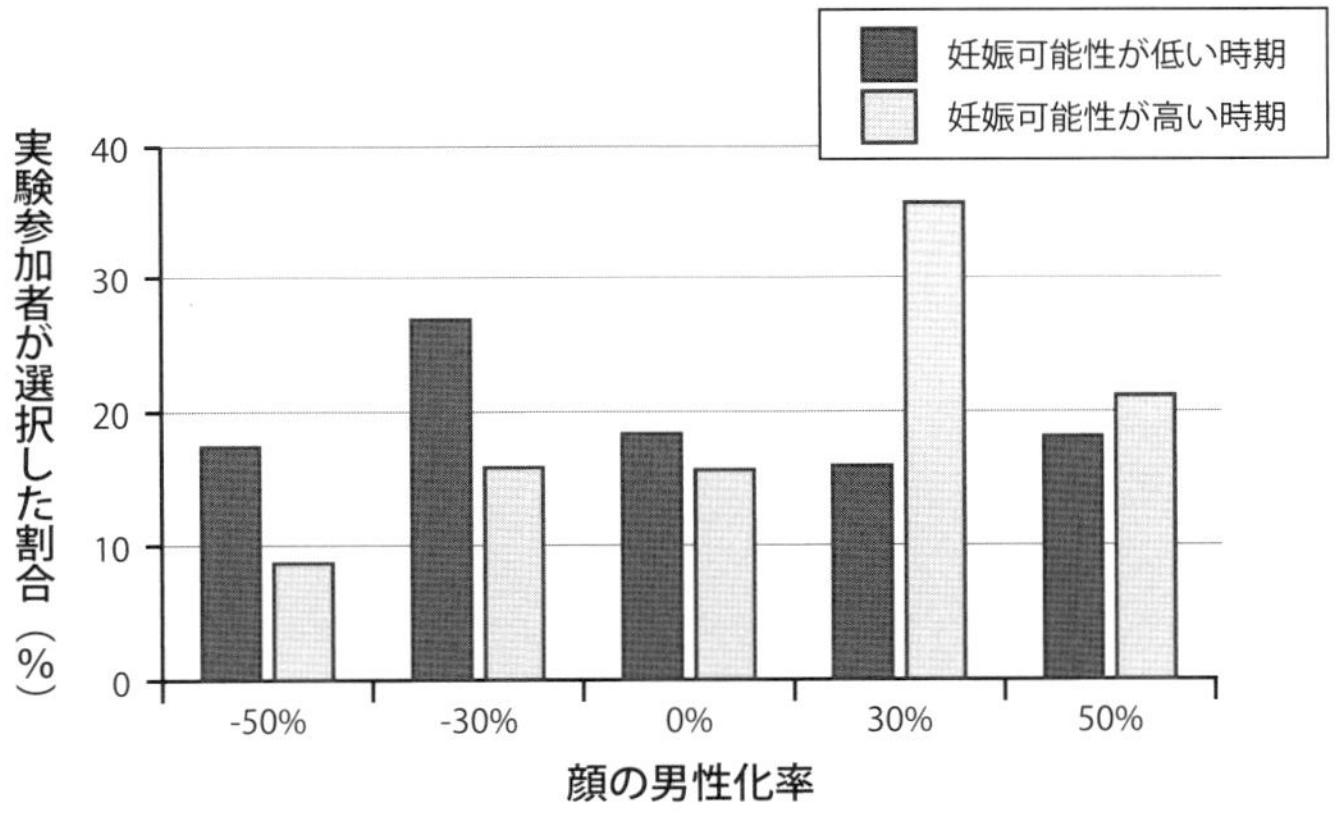

まれました【図8－05】。

月経周期と浮気

これは、女性は妊娠しにくい状況では「女性らしさを持つ男性」「やりにげしない相手」を求めて長期的な配偶相手を選択しようとするのに、妊娠可能な時期においては「マッチョで男らしい男性」「やりにげする可能性を持つ相手」を選好するという可能性を意味しています。

この事実は、配偶者のいる男性にとってはかなり脅威です。自分の妻が、排卵期に「やりにげ」する男と浮気をしていれば、気づかぬうちに自分以外の子どもを自分の子どもとして育ててしまうリスクがあるからです。

しかし残念ながら、このような現象は実際に生じやすいことが示されてきています。たとえば、配偶者などの長期的な男性パートナーがいる女性は、パートナーと性行為をする頻度は月経周期と関係ないのですが、パートナー以外と性行為をする頻度は妊娠可能性が高まるほど増加することが多くの研究によって示されています。また、ガンゲスタッドら（２００２）は、パートナーがいる女性は、排卵期になるとパートナー以外の男性との性交渉について想像することが多くなることを示しています。興味深いことに、このような傾向はパートナーのいない女性には発生しませんでした。つまり結婚している女性だけが排卵期により男性的な男性に魅力を感じるようになる、そして浮気をしたくなる可能性があるのです。

現在では、ＤＮＡ鑑定などを使用して配偶者の子どもが本当に自分の子どもなのかを判断することができるようになったことや、避妊技術などが進歩していることなどから、自分以外の子どもを、父親が知らずに育てていることはおそらく非常に少なくなっていると思いますが、じつは歴史的に見れば、最近までこのようなことはしばしば発生していた可能性があります。興味深いことに、動物でもこのような現象（つがい外交尾[04]といいます）

[04] EPC（Extra-Pair Copulation）は、とくに鳥類においてよく研究されています。メスから見ると自分のつがいオスよりもより適応的（強いなど）な遺伝子を受け継ぐことで、自分の適応度を上げようとする試みだと考えられています。

図 8-06　排卵期の写真を選好した者の割合 (Roberts et al., 2004)

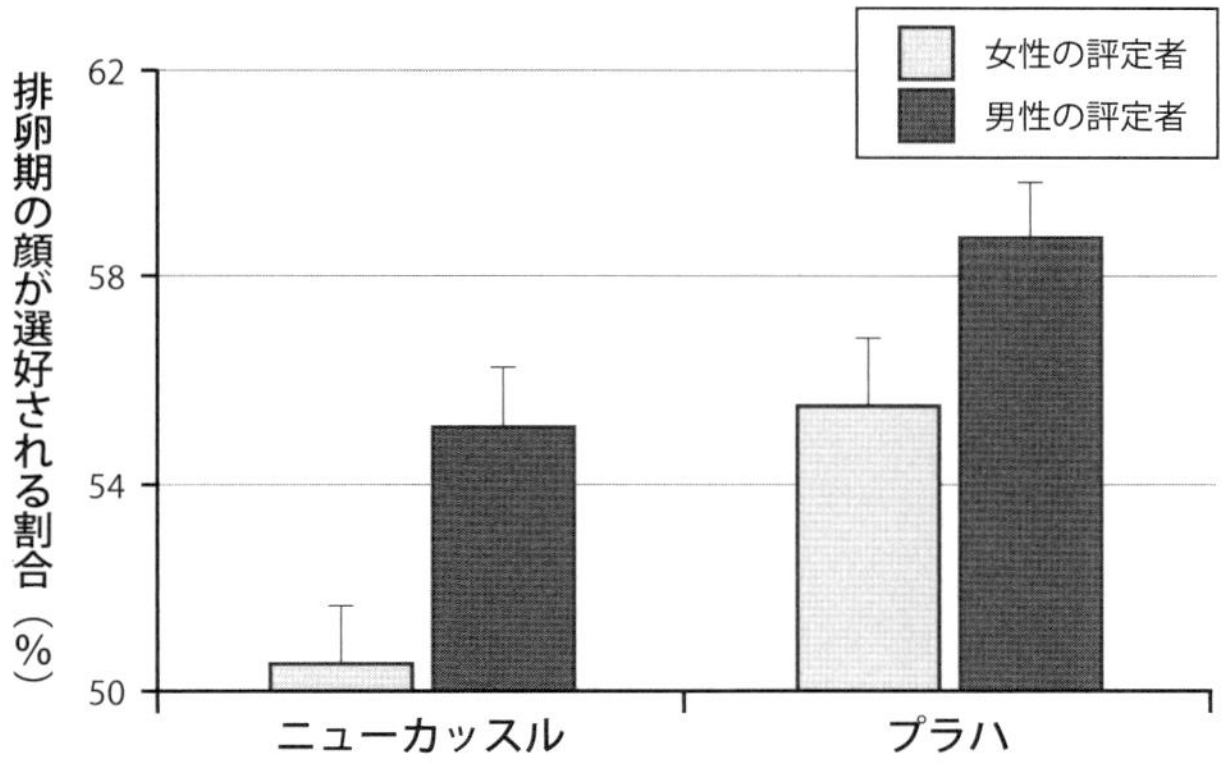

による妊娠はポピュラーで、我々が仲良し夫婦の代名詞と思っているオシドリにおいても、相当な率で浮気による子どもが生まれていることがわかっています。

女性は排卵期に美しくなる

また、女性は排卵期には、実際に男性から選択されやすくなるように、魅力が増すことや、無意識に男性に魅力的に見られるような行動を増加させることもわかってきました。

まず、女性は排卵期に美しくなるという現象ですが、これを示したのは、ロバーツら（２００４）です。彼らは、イギリスのニューカッスルとチェコのプラハの19歳から33歳の女性48人について、排卵期と排卵期でないときに顔写真を撮影しました。化粧は全部落としてもらい、すっぴんの状態で撮影しました。そして、この写真をペアにして、イギリスとチェコのモデルの女性とほぼ同年代の評定者にコンピューター上で呈示して、どちらの顔が魅力的かを判断させました。もし、これらの顔に差がないとするならば、排卵期の顔とそうでないときの顔の好みは五分五分になることが予想されます。

ところが実際にこの実験を行ってみると、排卵期の顔写真のほうが有意に選択されることが多く、しかも男性の評定者にその傾向が大きいことがわかりました【図8－06】。つまり、女性は妊娠可能な時期に美しくなっていることがわかったのです。興味深いことに、この差はわずか5％程度なのできわめて微妙で、男性もその差を意識的にとらえることはできません。

排卵期には女性はセクシーな服を選択する

デュランテら（2008）は、月経周期と服装の選択についての研究を行っています。88人の女子大学生の実験参加者に妊娠可能性の高い日と低い日の2回研究室に来てもらい、彼女らに「今夜友達のアパートで行われる大規模なパーティーに参加することを想像して

図 8-07　ラップダンサーにおける月経周期とチップの金額の関係（Miller et al., 2007）

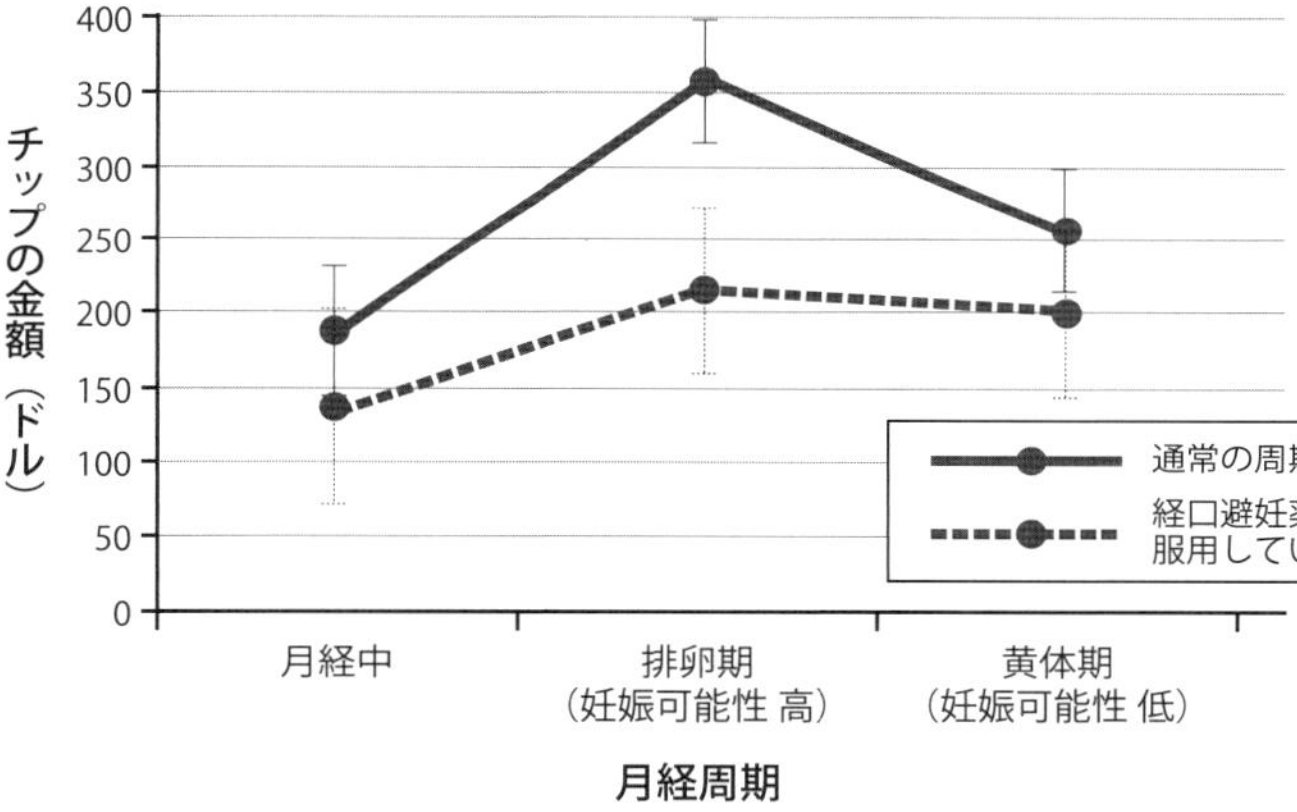

みてください。このパーティーには魅力的なシングルの男性もたくさんやってきます。あなたはどんな服を着ていきますか」と教示して、人物のシルエットに色鉛筆で着ていきたい服を記入させました。

その結果、妊娠可能性の高い日は、より露出度が高い服装を記入することがわかりました。

ラップダンサーは排卵期に多くのチップをもらう

ミラーら（2007）は、排卵期に女性がよりセクシーな行動をとるかどうかを調べるために、ラップダンサーを実験参加者として研究を行いました。ラップダンサーというのは、上半身裸で客の膝の上に乗ったりして踊るストリッパーのことです。18人のプロのラップダンサーに自分たちの月経周期とその日にもらったチップの金額を記録してもらいました。排卵期にセクシーな行動が増加するのであれば、その時期には男性客からより多くのチップを受け取っているのではないかというのが仮説でした。

ダンサーのうち7人は経口避妊薬を服用していて排卵がありませんでした。この7人については期間を通してチップ額の大きな変動はなかったのですが、通常の月経周期の残りの11人については月経周期に伴ってチップ額の変動が見られ、排卵期にチップ額が増加していることがわかりました【図8−07】[05]。

05 この原因としては、女性がよりセクシーなふるまいをするようになったということ以外に、男性が排卵期の女性をより魅力的に感じるというメカニズムも含まれている可能性があります。

この章のまとめ

本章では男性の身体的魅力について検討しました。その結果、マッチョで男らしい男がモテる場合と女性らしさを持っている男性がモテる場合があることがわかりました。そして、これらは女性がとる長期的、短期的配偶行動という2種類の行動方略のどちらがとられやすいかと関係していることがわかりました。また、男性に対する女性の好みは月経周期と関係しており、妊娠しやすい時期には男性性の高い顔を、そうでないときは女性らしさを持っている顔を好むことがわかりました。さらには、妊娠可能性の高い時期には女性は魅力的になり、セクシーな行動をとりやすくなることが示されました。

第９章

なぜ恋人同士は似ているのか

01

カップルはなぜバランスがとれていることが多いのか

街中のカップルたちを見てみると

街中でカップルを観察してみると、時々釣り合いがとれていないカップルを目にすることがあります。ものすごい美女がちょっといまひとつな男性と一緒に歩いていたり、その逆のケースなどです。こういうカップルを見ると「なぜ、あんなやつがあんな美人と」などと悔しくなるものです。しかし、もっと客観的に観察してみると、不思議なことに多くのカップルは釣り合いがとれているように見えるのも事実です。美女はイケメンと、それなりの人はそれなりの恋人と歩いていることのほうが、はるかに多いように思われます。ここでいくつかの疑問が浮かんできます。

一つは、そもそも街中のカップルは、本当に釣り合っているのかということです。そして釣り合っているのなら、なぜ釣り合っているのだろうということです。この問題について考えてみましょう。

世の中のカップルは外見的に釣り合っているかについての研究

世の中のカップルが外見的に釣り合っているのかについて、初めて実証的に研究したのは、メリーランド大学のホワイト（１９８０）です。彼は、大学の掲示板に「交際中のカップル求む！　調査に協力してくれれば謝礼出します！」という広告を出して、１２３組のカップルに協力してもらって調査を行いました。カップルの双方から顔写真を提出してもらい、５人ずつの男女がその外見的魅力について１点から９点まで９段階で評定しました。

そして、カップル間の外見的魅力度の相関係数を算出しました。相関係数とは本書ですでに何度も登場している統計上の数値で、２つの変数がどの程度関連しているかを示す数値です。関係がなければ０に、パーフェクトな正の関係があればプラス１になります。計算の結果を【表9-01】に示します。これを見ると相関係数はかなり高いことがわかります。やはりカップルは外見で釣り合いがとれていることが多いのです。また、興味深いことに、カジュアルな関係[01]ではあまり釣り合いがとれていないのに、恋人同士や同棲中、婚約中など、関係が進んでいる場合には釣り合っていることも示されました。

[01]カジュアルな関係とは、友達よりは親密だが、排他的なデートをする恋人にまでは至っていない関係のことです。体の関係はある場合もない場合もあります。

表 9-01 ホワイトの研究におけるカップル間の魅力の相関係数 (White, 1980)

カジュアルな関係	$r = 0.18$
恋人同士	$r = 0.56$**
同棲中	$r = 0.37$
婚約中・夫婦	$r = 0.63$**

（＊＊　$p < 0.01$）

日本のカップルは釣り合いがとれているか

では、日本の街角で見かけるカップルは釣り合いがとれているのでしょうか。この問題を検討したのは、私のゼミ生の坂口くんです。彼は、東京の渋谷、銀座、秋葉原を歩いている合計200組のカップルについて外見的魅力の釣り合いについて検討しました。男女2人の評定者が7段階で、それぞれ独立してカップルの男女の魅力度を評定し、その後カップル間の魅力度の相関係数を求めました。分析は、並んで歩いているカップルと、手をつないでいたり腕を組んでいたりするカップルとに分けて行いました（坂口、2011）。

その結果、街によって若干異なっていましたが、やはりある程度高い相関があることがわかりました【表9－02】。ただ、接触しているカップルのほうが、釣り合いがとれてい

表9-02　日本におけるカップル間の魅力の相関係数
(坂口, 2011)

	並んで歩いている	手つなぎ＋腕組み	合計
渋谷	$r = 0.285$	$r = 0.086$	$r = 0.195$
銀座	$r = 0.596$	$r = 0.426$	$r = 0.506$
秋葉原	$r = 0.359$	$r = 0.153$	$r = 0.322$

ないという結果が得られたのはちょっと面白いところです。

ウォルスターらの研究における自分の魅力度と相手の魅力度の関係

本書の最初でみなさんに紹介した実験はウォルスターら（1966）によるコンピューターデート実験でした。この実験では、さまざまな容姿の人が組み合わされて2時間あまりパーティーを楽しんだ後で、お互いへの好意度が測定されました。その結果、外見的魅力が高いほうが好かれる可能性が高いという結果がわかったのでした。

さて、最初にこの実験を紹介したところでは、評価される側の魅力については考慮していましたが、評価する側の魅力との関連についてはあまり考えていませんでした。ここではそれらの関係について少し詳しく見てみたいと思います。

自分の外見的魅力が低い場合、あるいは中くらいの場合、外見的魅力が高い人ではなく、自分と外見的魅力のバランスのとれた低い対人魅力の相手や中くらいの相手に魅力を感じ、デートしたいと思うものでしょうか。この問題を検討するためにウォルスターらの実験のデータを、評価する側の魅力度ごとにまとめ直してみました。この結果を【図9－01】【図9－02】【図9－03】に示します。

【図9－01】は、相手にどの程度好意を抱いたかについて、[02]【図9－02】は相手とどのくらいデートしたいかについて集計したものです。この結果を見ると、評価する側は、自分の対人魅力が低かったり中くらいだったりした場合にも、バランスのとれた相手ではなく、一貫して外見的魅力の高い相手に好意を持ち、デートしたいと思っていることがわかります。これは自分と外見的にバランスのとれた相手に好意を抱くわけでなく、常に上を狙っていくということを意味しています。

ちなみに、このような結果については「自分がどのくらい魅力的かということについて、人々は正しく知覚していないことが原因だ」という反論がありえます。誰でも自分は外見的魅力が低いとは思いたくないので、多くの人が「自分は魅力的である」と誤って思い込んでいて、そのうえでバランス的な判断をしているという可能性です。ところがウォルスターの結果を詳細に分析してみると、必ずしもそうはいえないということがわかってきま

[02] 相手に対する好意度は、－2.5（とても嫌い）～＋2.5（とても好き）の得点で評定されました。

1
2
3
4
5
6
7
8
9
10

図9-01 自分の魅力度ごとに見た相手の魅力度と好意度の関係 (Walster et al., 1966)

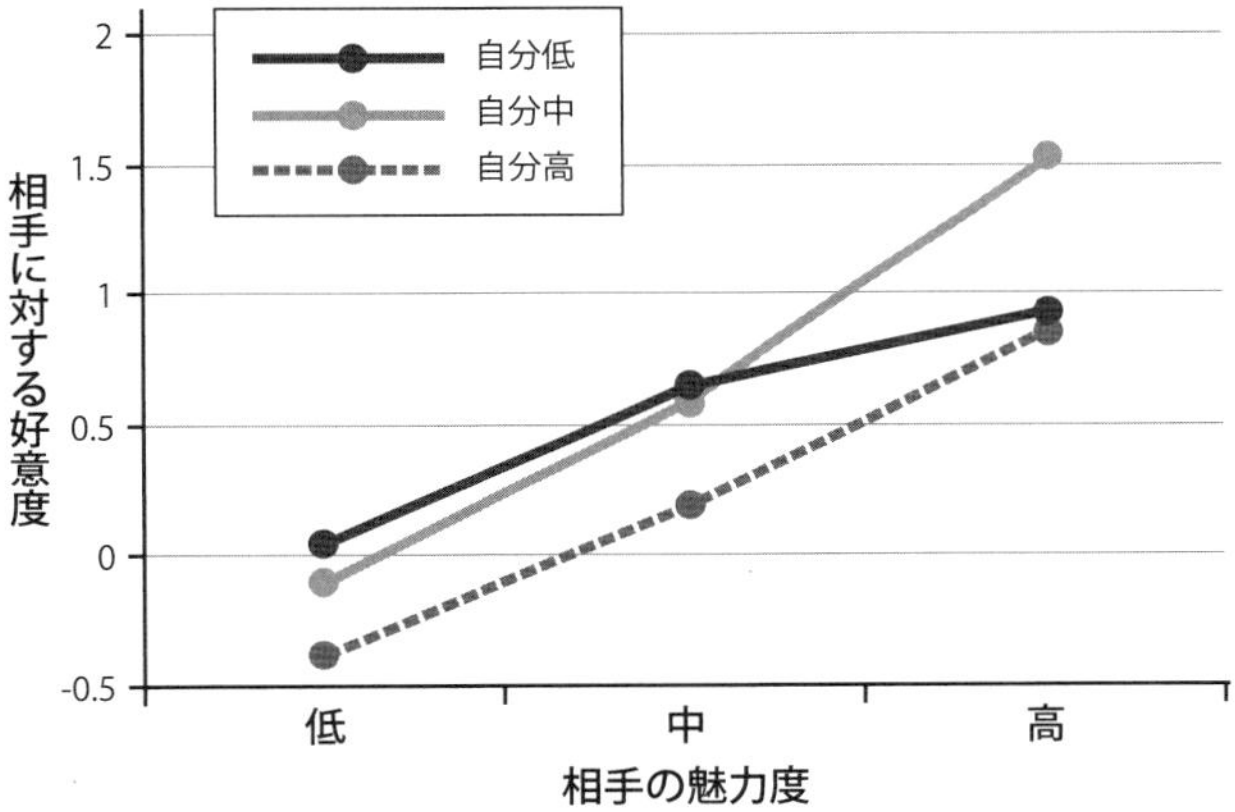

図9-02 自分の魅力度ごとに見た相手の魅力度とデート希望率の関係 (Walster et al., 1966)

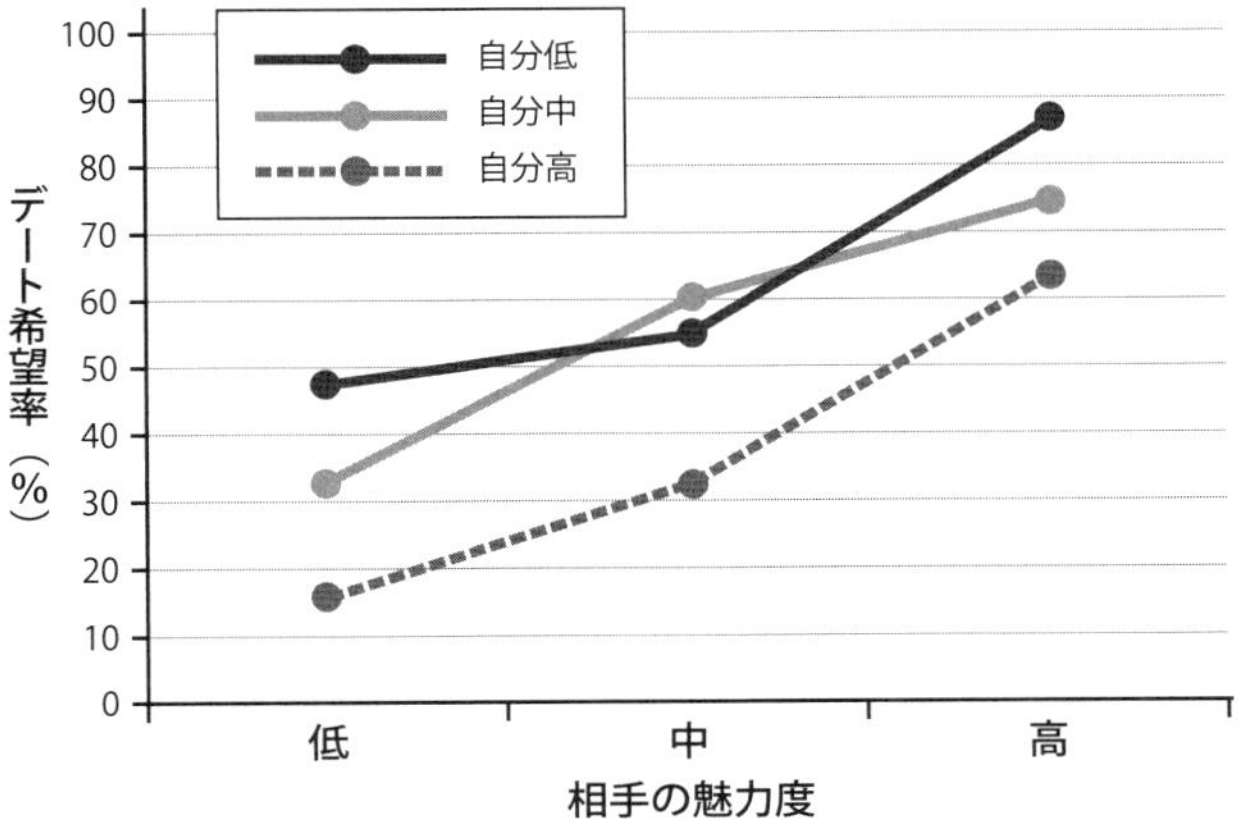

図 9-03 「相手から自分がどの程度好意を得られるか」の推定値と自分の魅力度の関係 (Walster et al., 1966)

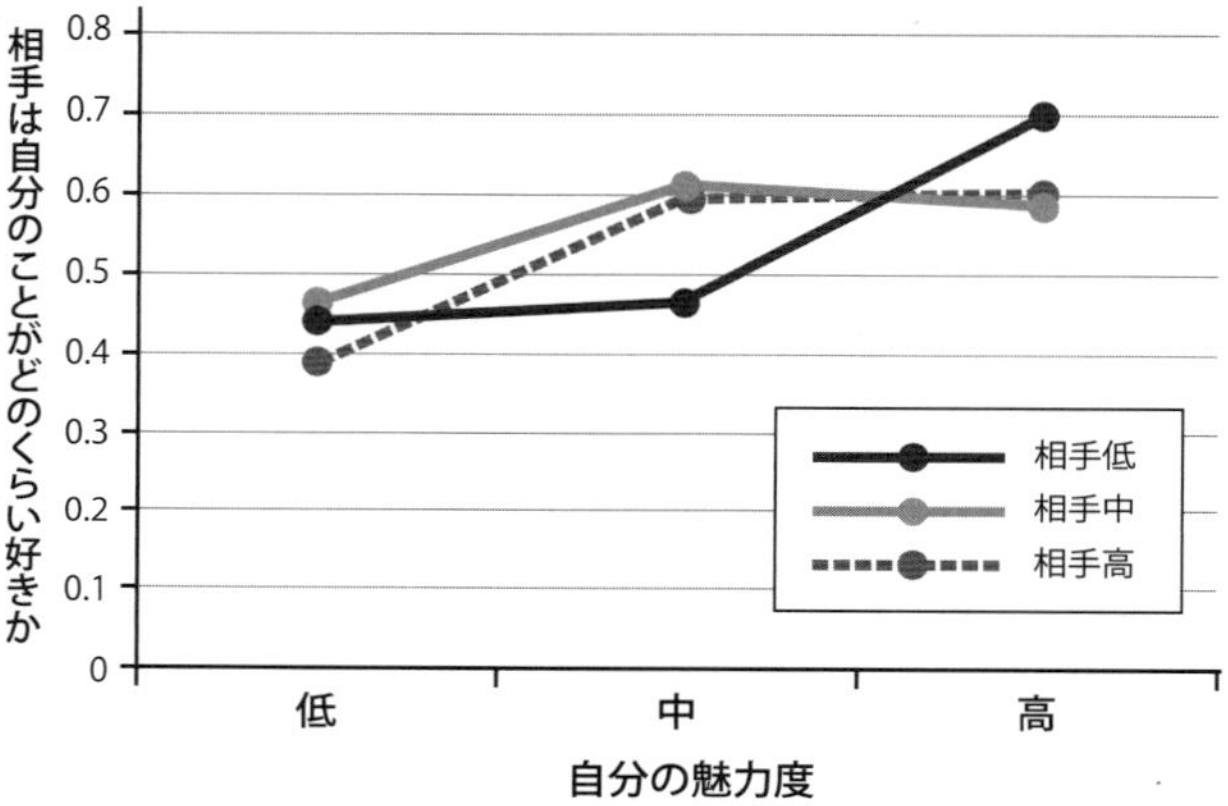

す。

評価する側の魅力度ごとに「相手から自分がどの程度好意を得られるか」ということを評定させた結果が【図9－03】です。これを見ると、魅力が高い人は低い人に比べて高い値を想定している、つまり「自分がモテる」と正しく判断していることがわかります。

ウォルスター理論の謎

ウォルスターらの実験結果は、自らの外見的魅力にかかわらず、すべての人が上を狙う、つまり美人・ハンサムを狙っていくというものでした。でも、本当にこのようなことが起こっているのでしょうか。もし、このようなことが起きているのであれば、世の中にいるごく一部の美人はそれ以外のすべての男性から求愛されるし、ごく一部のハンサムは多くの女性から求愛されることになることが予想されます。その結果として、ほとんどの普通の容姿の人はモテないということになるでしょう。しかし、世の中を見回してみるとどうもそうなっているようにも思えません。美女やハンサムがモテるのは確かでしょうが、そうでなくても、みんななほどほどにはモテるのが普通ではないでしょうか。

また、このようなことが起きているとすれば、実際のカップルが外見的に釣り合っているというホワイトの観察とあまり一致しないように思われます。みながみな、容姿が良い人に好意を感じデートしたいと思うのに、なぜバランスのとれたカップルが生まれるのでしょうか？

売れ残り同士だからバランスがとれる説

このバランス問題について、もっとも悲しい仮説を提案しているのは、カーリックとハミルトン（1986）です。彼らは、魅力的な男女は早く相互にカップルになっていくので、その結果として恋愛市場からフリーの美人やハンサムはどんどん消えていき、最終的に自分がカップルになるのはそのとき市場で売れ残っている人の中で一番美しい人、つまり自分と釣り合う人なのだという仮説を提唱しました。これは悲惨な考えですが、ハンサムや美女のほうが容易につきあう相手を見つけることができるような気もしますので、もしかしたら正しいかもしれません。

自分に見合った相手にアプローチ説

第二の仮説として挙げられるのは、本当は美女やハンサムがいいにもかかわらず、現実的な恋人選択においては、あえて美女やハンサムを選択せず外見的魅力のバランスがとれた人を選択しているという可能性です。この問題についてのデータを報告しているのはシャントーとナジ（1979）です。彼らは、相手に好意を抱いたりデートしたいと思ったりするかどうかは、ウォルスターのいうように相手の魅力にのみ影響されているのではなく、相手が自分とのデートを承諾してくれそうかどうかに大きく依存しているのではないかと考えました。

彼らの実験では、実験参加者に7人の男性の写真が見せられました。実験参加者は、それらの7人について、まず、その魅力度を評定しました。【図9－04】は2人分の実験参加者

図9-04 **シャントーらの実験における2人の実験参加者の結果** (Shanteau & Nagy, 1979)

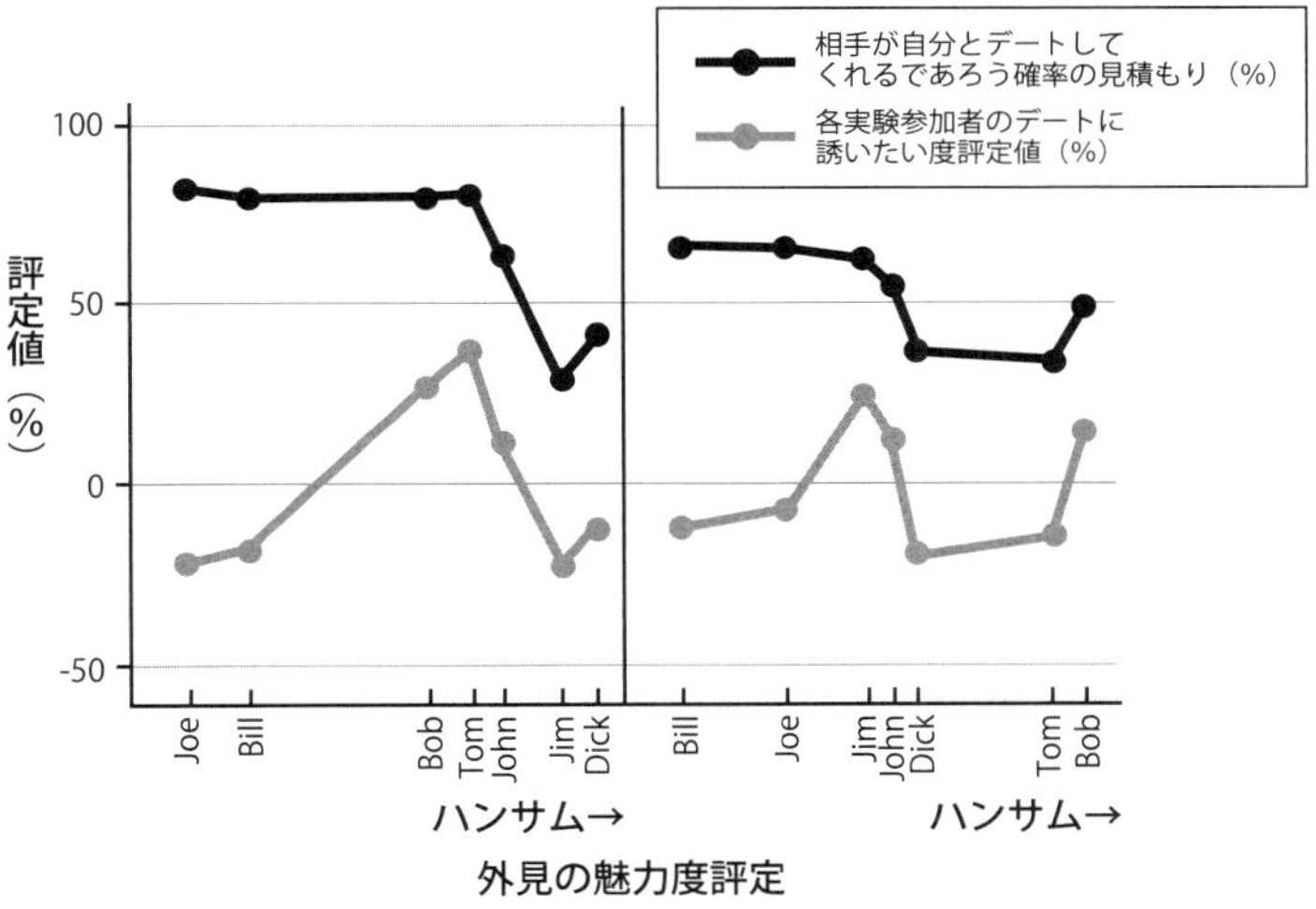

の結果を示しています。横軸はそれぞれの実験参加者が評定した7人の男性の魅力度と対応します。左側の人は、Dickをもっともハンサムだと思っており、Joeをもっとも魅力がないと思っています。右側の人は、Bobをもっともハンサムだと思っており、Billをもっとも魅力がないと思っています。

次に、それぞれの相手が自分とのデートを承諾してくれそうかどうかを判断しました。この結果が●印で示されています。これは相手が自分をどのくらいデートの相手として承諾してくれるかの実験参加者の予想を示しています。左側の人はJoeからTomくらいまでであれば、喜んで自分とデートしてくれると思っていますが、Johnはちょっと難しいかなと思い、JimやDickはさらに難しいかなと思っています。この彼女が実際に彼らの誰をデートに誘おうと思うかをプロットしたのが●印です。[03] JoeからTomまでは直線的に「デートに誘いたい度」が上がっていますが、JimやDickになると急激に下がってしまいます。これはもちろん、JimやDickだと相手からデートを断られる可能性があるからです。

また右側の人は、BillからJimくらいまでなら自分とのデートを承諾してくれるだろうと思っています。Johnだとちょっと厳しく、DickやTomだと50%以下かなと思っています。彼女のデートに誘いたい相手はJimで最高になっており、DickやTomだと低くなっています。ただ、彼女が一番いい男だと思っているBobは、なぜか自分とのデートを承諾してくれそうな予感がしているので、デートに誘いたい度は上昇しています。

つまり、デートの相手を選択する場合には、承諾してくれそうな中でもっともハンサムな人を選択しているのだということがわかります。

[03] ●印の「デートに誘いたい度」は、「その相手を誘いたい度ー他のすべての相手それぞれを誘いたい度の平均値」で算出しています。

1
2
3
4
5
6
7
8
9
10

表 9-03　別れたカップルと持続カップルのカップル間の魅力度の差（White, 1980）

	カジュアル	恋人同士	同棲中	婚約中・夫婦
別れた	1.48	1.05	1.23	0.68
別れていない	0.97	0.78	1.28	0.81

結局、釣り合っているカップルのほうが長続きする

第三の仮説は、つきあい始めにはさまざまなバランスのカップルがいるけれども、釣り合っていないカップルは比較的早く関係が終わり、それゆえ釣り合っているカップルが多くなるという説です。

先ほど、カップルは外見が釣り合っているという研究を行ったホワイトの研究を紹介しましたが、彼は、その対象カップルを9か月にわたって追跡調査し、釣り合いと別れの関係について研究しました。その結果、身体的魅力の釣り合ったカップルはその期間でより関係が進展していることがわかりました。また、その後、別れたカップルと別れていないカップルを分けて、カップル間の魅力度の差を算出したところ、カジュアルな関係のカップルと恋人同士のカップルでは、カップル間で魅力度に差があるほど別れているということがわ

かりました。ただし同棲以上の関係になると、カップル間の魅力度の差は別れるかどうかにあまり関係していませんでした【表9－03】。つまり恋愛の初期・中期くらいでは、２人の関係が持続するかどうかに外見のバランスが大きく関係しているのです。

釣り合っているカップルのほうが進展する

また、フォークス（１９８２）も、結婚相手紹介サービスを利用して、カップルの進展と釣り合いについての研究を行っています。このサービスでは、まずメンバーが異性のメンバーのプロフィールと写真を見て、「この人と会いたい」という人を探します。そしてそのような人が見つかると相手に自分のプロフィールが送られ、もし相互に会ってみたいということになると、お互いの連絡先を教えてくれるというシステムになっています。その後、交際が進展するかどうかは本人たちに任せられています。フォークスはこのサービスに参加したメンバーを追跡し、一定の期間で関係がどこまで進展するかについて調査しました。関係の進展の度合いについては以下の５つの段階が設けられました。

ステップ１　相手に会ってみたいと思ったが、相手が出会いの申し出を辞退した

ステップ２　相手が申し出を受けてくれたが、リクエストから10～17日後にまだデート

表 9-04　フォークスによるカップルの関係進展を予想する要因（Folkes, 1982）

ステップ	外見的魅力の差	職業ステータス	年齢
1	2.3	1.9	5.5
2	2.0	2.8	5.6
3	1.8	2.3	3.6
4	0.9	1.8	3.3
5	1.4	2.1	4.6
相関	− 0.34（$p < 0.05$）	0.03（n.s.）	− 0.15（n.s.）

をしていない

ステップ3　電話でのコンタクトが終わったが、まだデートはしていない

ステップ4　1回目のデートをしている

ステップ5　2回以上のデートをしている

ステップ1までのカップルは49%、ステップ2は11%、ステップ3は11%、ステップ4は13%、ステップ5は16%でした。

まず、参加者それぞれについて、その外見的魅力が調べられました。外見的魅力はそれぞれのメンバーの写真とビデオ映像を見て第三者が評価しました。次に各ステップごとのカップルの魅力度の差を算出しました。結果を【表9－04】に示します。これを見てみると、

魅力度の差と進展度合いの間には有意な負の相関があり、魅力度に差がないほど関係が進展していることがわかります。一方、この研究では、同時に相互の職業のステータス（お互いの職業の社会的な権威について評価したもの）の差、および年齢の差についても調査が行われました。その結果も【表9－04】[04]に示してあります。興味深いことに、職業ステータスの差や年齢は、関係の進展と相関はありませんでした。

実際の恋愛ではなぜバランスが重要になってくるのか

顔写真を見て、その人がどのくらい魅力的かを判断したり、比較的短時間の出会いの中で、また会ってみたいと感じる度合いに関しては、明らかに美女やハンサムが有利であり、その方向にバイアスがかかりました。

しかしながら、実際の恋愛場面では、このような美女やハンサムを常に狙っていくかといえば、シャントーらの実験やフォークスの調査を見る限りでは、そのような行動は発生していないように思われます。では、なぜ、実際の恋愛行動ではバランスがとれた相手にアプローチが行われるのでしょうか。

ここでちょっとこういうことを想像してみてください。みなさんが、自分とはまったく

[04]外見的魅力は５段階評定のカップル間の差、職業ステータスは１０段階評定のカップル間の差、年齢はカップル間の実年齢の差で計算されました。

釣り合わない、自分よりもはるかに美しかったり、ハンサムだったりする人と交際または結婚した場合のことです。このような場合、我々には一つの大きな不安材料が生じます。それは、相手が自分以外の人と浮気をする可能性が現実味を帯びてくるということです。

男女は進化の観点から見れば、それぞれが自分の利益が最高になるように行動していると考えられます。[05] より高いものが得られるのに劣ったもので満足することは基本的には避けたいところです。具体的には「自分の遺伝子を残すという意味でより有利な特性（たとえばより魅力的な男性・女性の遺伝子）」をゲットできるのに、それ以下のものに長期間占有されてチャンスを失いたくないわけです（もちろんこれが意識されているわけではありません）。そのため、魅力の優れたほうは、より条件の良い相手とめぐり会う活動に従事するように強く動機づけられるでしょう。また、魅力の劣ったほうは、魅力の高いほうに対して、「浮気を防がなければならない」コストを払わなければなりません。具体的には、相手の浮気を監視したり、相手の関心を自分に引きつけさせるための方法をとったりするなどのことです。

実際問題、魅力にバランスがとれていないカップルにおいてこのような行動が増加することがわかっています（バスとシャッケルフォード、1997）。このようなことを考え

[05] 正確にいえば、そのような行動を引き起こす遺伝子が淘汰されにくいということです。

ると、自分に見合わない高い魅力度の異性をゲットして、相手が浮気をすることを防ぐために余分なコストを払うよりは、そのようなコストを必要としないバランスのとれた相手を選択したほうがよいということが考えられます。

しかしこのような傾向は、あくまで長期的なつきあいが形成されることが前提になってきます。短期的な関係においては、もともと数回程度の性交渉で関係が終了するので、浮気を防止するための余計な投資は必要でなくなります。そのため、カジュアルカップルや短期的な関係のカップルは恋人同士や夫婦などと異なり、外見的に釣り合っていない場合が多いのではないかと考えられます。

それでも外見的魅力の高い人を狙いたがる人々

ところが、世の中を見てみると、自分の容姿にかかわらず美女やハンサムを一貫して狙いたがる人もいるような気がするのも事実です。じつは、どのようなタイプの人がこういう行動をするのかについても解明されています。それはセルフモニタリング傾向の高い人です。

セルフモニタリング傾向は、自分自身の行動がその場にふさわしいかどうかに関心を持っていて、他人の振る舞いをよく観察し、それをもとに自分の行動を変えていこうとする傾向を示すパーソナリティ特性です。他人からの目を気にするタイプだといえるでしょう。このタイプは、自分がどのような人とつきあっていれば、他人からよく見えるかに関心を持って、恋人を選択する傾向があります。そのために、見かけの良い人を選択しがちになるのです。ちなみにこの傾向が低い場合には、他人からどのように見られていようが、自分が最善だと思うゴーイングマイウェイ的な行動をします。

さて、セルフモニタリングと外見重視の関連を直接的に検証した実験が、スナイダーら（1985）によって行われています。彼らはデート相手として「外見は良いが性格は悪い」人と「外見は悪いが性格は良い」人のどちらを選択するのかという問題と、セルフモニタリング傾向の関係について研究しました。

この実験では、ミネソタ大学の32人の大学生が実験参加者になりました。彼らのうち16人はセルフモニタリング傾向が非常に高い人、残りの16人はセルフモニタリング傾向が非常に低い人でした。彼らには、「これから実験に協力してもらいますが、この実験には、学部生の女子学生と地域のバー・レストランでデートしてもらうことが必要です」と教示されます。そして彼らにはデート相手候補者2人の写真や性格のプロフィールが記載され

表 9-05 セルフモニタリング傾向と外見重視の関連
(Snyder et al., 1985)

	セルフモニタリング傾向	
	低い	高い
クリステン （魅力はないが性格が良い）	81%	31%
ジェニファー （魅力的だが性格が悪い）	19%	69%

たファイルが渡されます。実験参加者はこのプロフィールを見て、どちらとデートしたいかを選択します。

渡される2人のファイルの一人目は、「クリステン」で、彼女は見た目は正直あまり良くない（事前調査で「魅力的でない（1）」から「魅力的である（7）」までの7段階で魅力を評定させたところ1・85点であった）のですが、性格はめっぽう良い女性です。社交的で他人とうまくやっていくことができ、情緒は安定していてユーモアのセンスもある人物です。もう一人は「ジェニファー」です。ジェニファーは美人です（事前評価で5・75点）が、性格はあまり良くありません。社交性は低く、自分勝手で情緒的にもあまり安定していません。

実験の結果、セルフモニタリング傾向の高い人のうち69％がジェニファーを選択したのに対して、セルフモニタリング傾向の低い人は、81%がクリステンを選択しました【表9-05】。

02

カップルはなぜ顔が似ているのか

カップルや夫婦はなぜ顔が似ているのか

夫婦やカップルが、その魅力度において釣り合っているという現象を見てきましたが、実際の夫婦やカップルをよく観察してみると、どうもそれ以上の類似性があるように思われます。たとえば、顔つきです。みなさんは身近なカップルや夫婦の顔が似ていると感じたことはないでしょうか。では、なぜ、彼らの顔は似ているのでしょうか?

自分に似た人を好きになるのか

一つの可能性は、人は外見が自分に似ている人をそもそも好きになりやすく、それゆえ、恋人同士は類似するというものです。

心理学では、単純接触効果という現象が広く知られています(ザイアンス、1968)。これは人でも、ものでも、単に接触すればするほど、そのものに好意を抱くようになっていくという現象です。我々は毎日のように鏡を見ていますし、とくに子ども時代は自分と外見が似ている母親や父親や兄弟姉妹とほぼ毎日接触しています。そのため、単純接触効果によって、自分の顔や自分に類似した顔に対して好意を抱きやすくなっていると考えられます。これが恋人選択にも影響を及ぼし、結果的に外見が自分に類似した人とつきあうようになるというのです。

ペットは飼い主に似ている？

話は少し変わりますが、ここで少しペットについての話をさせてください。朝早く街を歩いていると、犬を散歩させている人によく出会います。さて、その犬と飼い主なのですが、よく観察してみると、なんとなく雰囲気、場合によっては顔が似ていると思うことはないでしょうか？

この現象を実証的に検討したのが、ペインとジャフ（２００５）です。彼らは、ペットコンテストの会場で、ペットとその飼い主の顔を撮影し、写真加工ソフトを使用して、それらの背景の情報を消し去りました。そしてこれらを6枚ずつ6グループに分けました。実験参加者には、この6グループの犬とその飼い主の写真をバラバラにして見せて、どのくらいうまくマッチングができるかをテストしました。その結果、偶然よりもはるかに高い確率で、犬と飼い主をうまくマッチングできることがわかりました。つまり、犬を見ただけで飼い主が、また飼い主を見ただけでその飼い犬がある程度わかるのです。

また、ロイとクリステンフェルド（２００４）も同様の研究をしています。彼らが対象にしたのは、公園で散歩している犬とその飼い主です。手がかりにならないように犬と飼い主は異なった背景で撮影します。こうして集めた45匹の犬の写真と、45人の飼い主の写真を大学生に見せて、飼い主と犬のマッチングができるかどうかをテストしてみました。評定を行ったのは28人の大学生です。その結果、やはり偶然以上の確率でマッチングができることがわかりました[06]。

この研究で興味深いのは、ペットと飼い主がマッチングできるかどうかとペットを飼っている期間が関係していなかったことです。これはつまり、ペットと飼い主が似ているのは暮らしているうちに似てくるというよりも、そもそも似ているペットを選んで購入しているからだということを意味しています。じつはここにも、見慣れたものに好感を示しやすいという単純接触効果が働いている可能性があります。ペットショップで、ある犬や猫がピンとくるのはその犬や猫の外見が自分と似ているからかもしれないのです。

[06] この現象は、日本人を実験参加者とした研究でも示されています（中島ら，2009）。また、木村と植月（2012）は、保育学科の学生が作った人形が作り手に似ているという現象を報告しています。

血縁認知と配偶者選択

さて、このように見慣れているものに好意を抱くという現象は、ペットを選択するという状況ではとくに問題はないのですが、同じ現象が配偶者選択においても起こっているとすると一つの大きな問題が発生する可能性があります。

それは近親交配の可能性です。顔が似ているということは、それだけ自分と血縁度が高いということを意味しています。そのため、顔の類似している個体に魅力を感じて配偶者にしてしまうと、気づかぬうちに近親交配をしてしまう可能性があるのです。遺伝子の共通性の大きい血縁関係のある個体との間で子どもを作ると、子どもにはさまざまな遺伝的な問題が発生することが知られています。これは適応にはもちろん不利になるので、我々には、配偶者や性的行動の相手を選択する場合に血縁関係のある個体を選択しないような近親交配回避メカニズムが、進化の過程の中で備わったのではないかと考えられます。

自分に似ている同性は好きだが、異性はそれほどでもない

この問題について検討したのが、ドゥ・ブリュイヌ（2004）です。彼女は、次のよ

うな方法を使って自分と類似した同性顔、そして異性顔を作り出しました。まず男性と女性の平均顔を用意します。そして、自分の顔と同性の平均顔の差を算出します。次に、この差の50％を同性平均顔に適用します。これによって自分の顔と同性平均顔の中間の顔が作り出されます。次に、この差を異性平均顔に適用します。これによって自分に似た異性顔が作り出されます。ここで50％という値を使うのは、本人に「この顔は自分に似ている！」と意識的に気づかれないぎりぎりのポイントだからです。

さて、これらの顔が作り出されたら、次に、これらの顔をさまざまな顔とペアにして呈示して、「どちらに好感が持てるか」について強制的に判断させます。自分類似の顔が呈示された場合に、他の顔よりも自分類似の顔をどのくらい選好したかが調べられました。

実験の結果は【図9－05】のようになりました。縦軸の値は、もし特別に自分類似の顔を選好する傾向がなければ0点、自分類似の顔を選好するバイアスがあればあるほど高くなります。この図を見てみると、同性の人物の場合には、自分に類似した顔が選ばれやすかったのに、異性の場合にはそのような傾向はあまり見られないということがわかります。これが、おそらく我々に備わった近親交配回避のためのメカニズムだと思われます。

同性の場合には2人の間に子どもを作ることはなく、好意を持つということは、相手を

図 9-05　評定者と刺激の性別と自分に類似した顔を選好する程度（DeBruine, 2004）

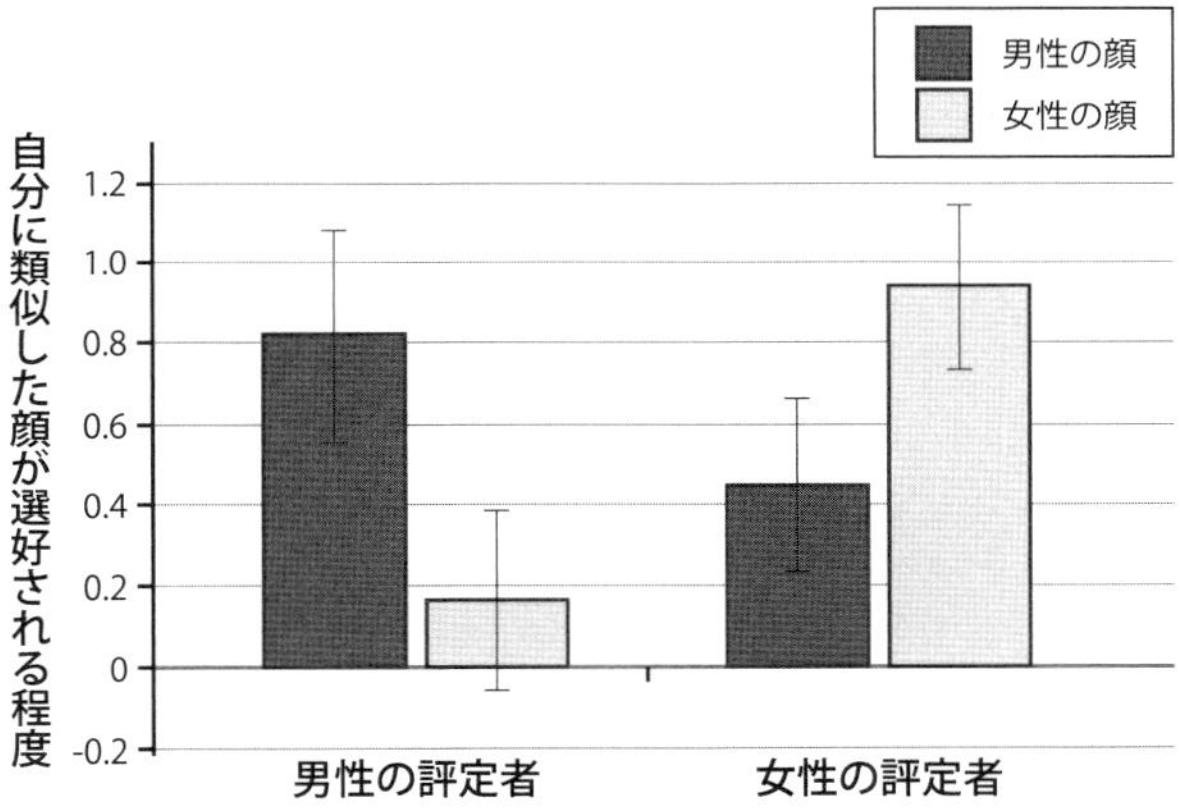

援助することなどと関連するので、単純に血縁関係が大きい相手を選好するほうが、結果的に自分の遺伝子を多く後世に残すことができます。相手の遺伝子と自分の遺伝子に共通するものが多いほど、相手を助けてその生殖を支援することが結果的に自分と同じ遺伝子をより多く後世に残すことにつながるからです。そのために似ている個体であればあるほど好感を持ったほうが、より適応的だと考えられます。

一方で異性の場合には、好感を持つということは2人の間に子どもを作ることにつながる可能性があるので、近親交配回避メカニズムによって、「似すぎている場合」には魅力が感じられないようになっているほうがより適応的です。単純接触効果が生じるにもかかわらず、自分の兄弟姉妹や両親、子どもを恋愛対象に考えにくいのは、このメカニズムが働いているからだと思われます。

信頼は似ている異性、短期的な交際は似ていない異性

さて、ドゥ・ブリュイヌ（２００５）は次にこのような実験を行っています。先の実験では、自分類似の顔が好きか嫌いかを判断させたのですが、今度は「信頼できるか」「長期的に交際する（一緒に行動したい、一緒に生活したい）という前提で魅力的かどうか」「短期的なつきあい（1日だけのデート、浮気、ワンナイトラブ）をするという前提で魅力的かどうか」について異性の自分類似顔について判断させたのです。

その結果、「信頼できるほう」の判断では、自分類似顔が選ばれやすかったのですが、長期間の交際では自分類似の効果は消失し、短期間のつきあいでは逆に自分に類似していない顔が選択されました【図9−06】。

「信頼」ということは、相手を助け、相手からも助けられるということですので、先の実験での同性の条件と同じで、遺伝子が重複しているほど信頼感が生じるということは予

図 9-06　自分類似顔の信頼可能度とつきあい方に関する選好の程度（DeBruine, 2005）

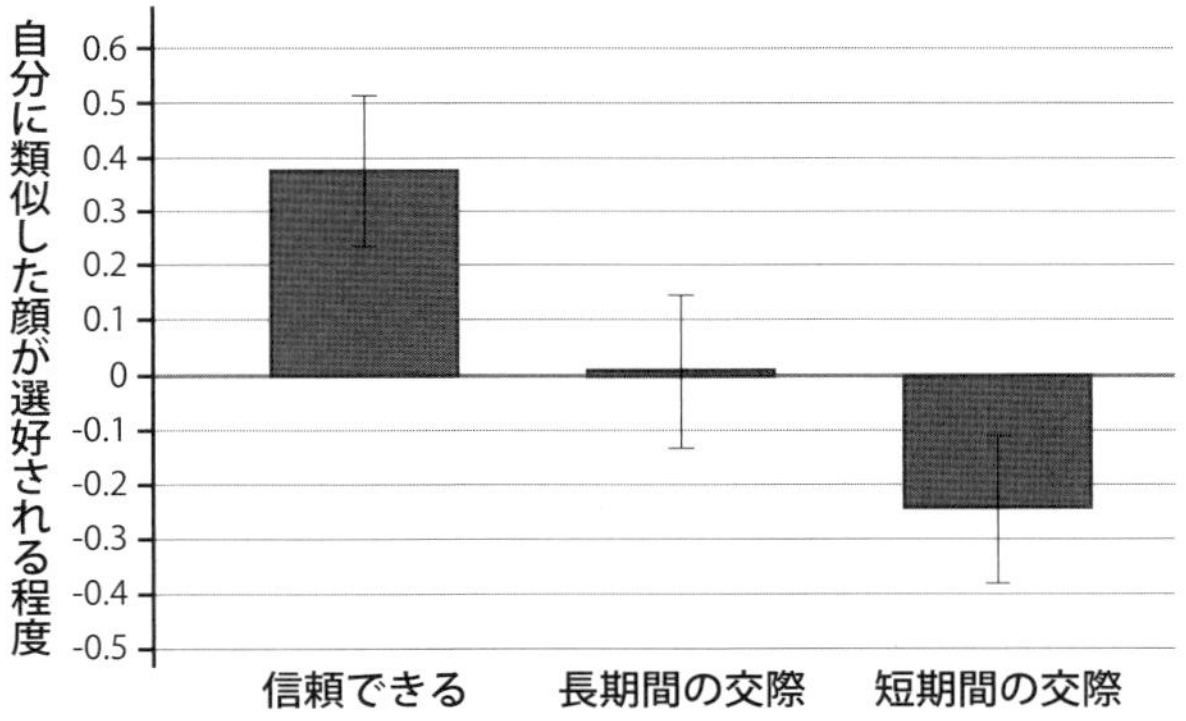

測できます。一方で、短期的なつきあい、数回の性行為程度の関係を考えると、そこではお互いを助け合う機会はそれほど生じません。ここで重要になってくるのはむしろ、子作りにおける近親交配回避です。そのため、このような場合には、遺伝子の重複の少ない自分と類似していない個体に魅力を感じるようになるのです。

ところが長期的な交際の場合には、近親交配回避とともに、お互い助け合う行動が必要になってきます。そのため、2つの効果が打ち消し合って、その中間程度の類似性、ほどほどに自分と類似している個体がもっとも魅力的に感じるようになるのだと思われます。

このような現象は、類似していないカップルは別れやすく（短期的な交際）、類似しているカップルは信頼関係を築き合ったり、別れにくかったりするという現象や、カジュアルカップルは似ていないけれども、恋人同士は似ているという現象をある程度説明していると思われます。

夫婦は暮らしているうちに似てくるのか

犬の研究などから、我々は顔が似ている個体にそもそも魅力を感じるということがわかりました。しかし、近親交配回避の観点からあまり似通っている個体に対しては魅力を感じなくなっている可能性があります。ただし夫婦などの長期的な関係においては、相対的にある程度の類似が存在してくる可能性はあるというわけです。

さて、ここまでの話は、そもそも配偶者を選択するという時点での問題でしたが、これとは別の問題として、一緒に暮らしたり長期間交際したりしているうちにだんだん外見が似てくるという現象もやはり存在しているように思われます。

この現象を初めて実証的に示したのは、ザイアンスら（1987）のグループです。彼

図 9-07　結婚後の年数と夫婦の外見類似度の関係
(Zajonc et al., 1987)

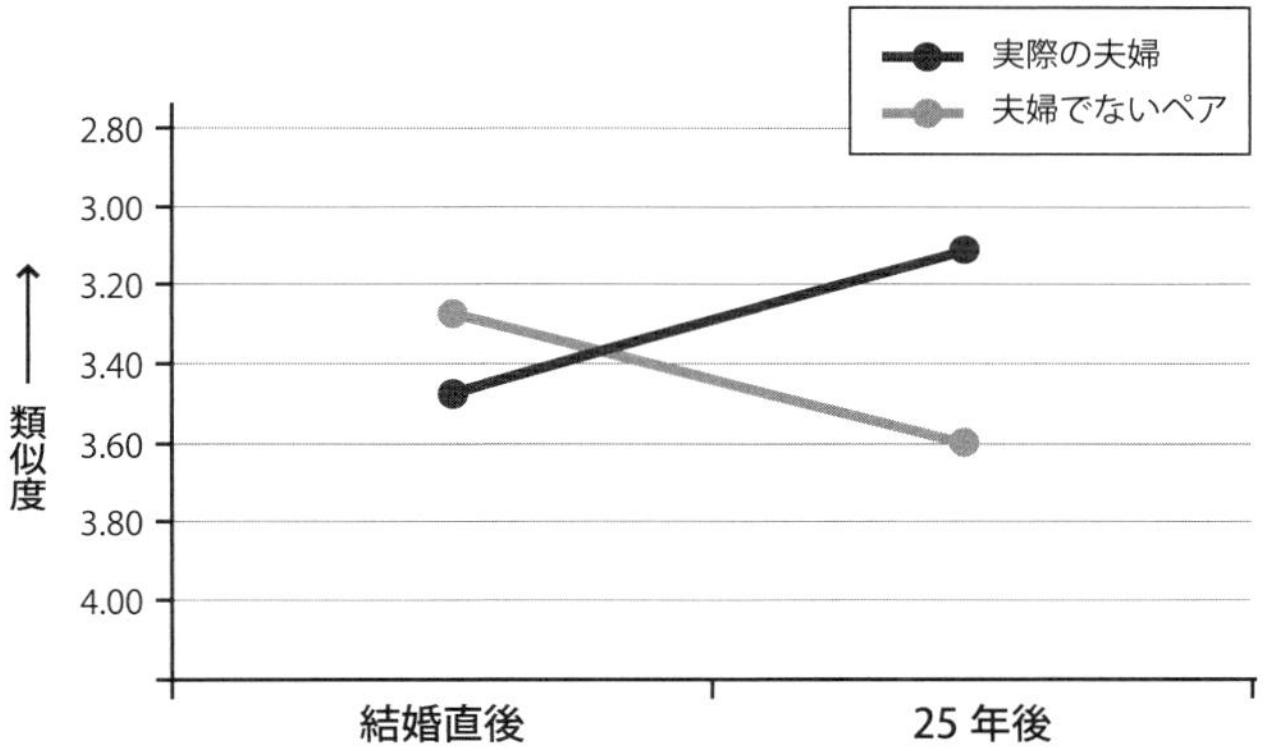

らは、12組の夫婦の写真を用いて実験しました。この12組の結婚直後の写真、そしてその25年後の写真24枚が用いられました。そして、夫婦を組み合わせた写真と夫婦でないペアを組み合わせた写真を110人の大学生に見せ、その外見の類似度を評定させました。

その結果、夫婦でないペアに比べて、実際の夫婦はより似ていることがわかりました。ただし、このような傾向が見られたのは結婚25年後だけで、結婚直後の写真ではこのような傾向は見られませんでした【図9－07】。この結果は、当初はそれほど似ていなかった夫婦でも、一緒に生活しているうちに似てくることがあることを示しています。

同じ生活をしているから体型が似てくる

夫婦が一緒に暮らしているうちに似てくるという現象については、いまだにわかっていないことが多いのですが、一つの仮説として、生活パターン、とくにその摂取する食料が同じことに原因があるという考えがあります。

シェイファーとキース（1990）は、さまざまな年齢層のカップルの体重の相関について検討を行いました。夫婦は体型が似ているともよくいわれるからです。その結果、リタイア前のカップルの体重はほとんど相関がなかったにもかかわらず、リタイア後のカップルの体重には相関が生じてくることがわかりました。シェイファーらは、この原因として、リタイア後のカップルは一緒にいる時間が長く、同じものを食べ、同じ時間に起き、同じ時間に寝ているなど、食生活や生活パターンが一致しているからではないかと述べています。

この章のまとめ

本章では、カップルや夫婦がなぜ似ているかという問題について検討してきました。まず、外見的な魅力度が釣り合っているという問題ですが、これは長期的な関係を築く場合には、浮気監視などの余計なコストを払うのを避けようとして、初めからバランスのとれた相手を選んでいることが理由ではないかと考えられました。だからカジュアルな関係やワンナイトラブ的な関係では、カップルの外見は必ずしもバランスがとれていないのです。次に、カップルの顔立ちが似ているのはなぜかという問題について検討しました。ここでは単純接触効果、ほどほどに似ている人に魅力を感じる進化的メカニズム、生活パターンや食生活が似ているという3つの説を検討しました。

第10章

美人・ハンサム
じゃなくても大丈夫！

01

美人・ハンサムも楽じゃない

美人・ハンサムであることは本当に幸せなことか

本書では、外見的魅力と恋愛のテーマについて、さまざまな研究を取り上げて論じてきました。ここまで読んでくださった方はおわかりになるとおり、いままでなされてきた研究のほとんどは美人やハンサムがいかに得なのかを示しています。外見的魅力が優れている人はモテ、性格は良いと思われ、知能も高いと思われるどころか、本当に性格も知能も運動能力や音楽的能力まで優れているというわけなので、もう何も言うことはないと思われるのではないでしょうか。

しかしながら、この本を読んでくださった美人やハンサムの方々がこの見解に同意することは、たぶんあまりないだろうなということも私にはわかっています。じつは主観的に見て、美人やハンサムの人が本当に幸せを感じているのかというと必ずしもそうではないのです。私もこの分野の研究を進める中で、彼ら彼女らの、ハンサムゆえのあるいは美人ゆえの悩みというものがわかってきました。では、それはいったいどういうものなのでしょうか？

注目されすぎることの苦痛

彼ら彼女らが第一に挙げる悩みは「注目されすぎること」の苦痛です。小学校から大学に至るまで、周りのすべての異性（や、そして同性までも）が自分を特別な目で見ることに美人やハンサムな人は気づいてしまいます。クラスのみんなは自分に注目しているし、お店に入れば周囲の視線が集まるし、電車に乗れば誰かが自分を見つめている、という状況下に置かれてしまうのです。しかも、「あの子可愛い」「あの人、素敵」など、自分を評価する声まで漏れ聞こえてくる始末です。

そのようなちやほやされる状況の中でも自然にストレスなく振る舞える人もいるらしいのですが、多くの人は日々の生活の中で、気が抜けない、リラックスできない感じに苦しめられてしまうそうです。ある女性はあまりにも周囲から注目が集まるので、外出が大嫌いで家に閉じこもって一人でいることが何よりも幸せだと話していましたし、ある女性は男性と一緒にいると注目されすぎるので、わざわざ女子大学を選んで入学したと話していました。こういうことも現実にありうるのです。

陰口もたたかれやすい

また、注目されるがゆえに「陰口をたたかれやすい」ということがあると、多くの美人・ハンサムは話します。周りから注目されない地味な存在であれば、話題になることがなく、良い噂も立たない代わりに悪口も言われにくいわけですが、注目されればされるだけ陰口もたたかれやすくなります。この陰口がかなりなダメージになるといいます。

陰口の原因の一つは、ねたみです。外見的魅力の高い人の中にはじつは、いじめられた体験を持つ人は少なくありません。自分が美人であるとかハンサムであるという事実だけが原因となって、ネガティブな評価が広まったりするのです。普通に振る舞っているだけなのに、「可愛い子ぶっている」「男にこびている」「かっこつけている」などの噂が立ってしまうといいます。

また、もう一つの原因は「好きなくせに悪口を言う」という小学生のような行動があるといいます。実際には大学生でも大人でもこういう行動はするようです。しかも、告白を断るとそれだけで性格が悪いと噂になったり、嫌がらせをされたりすることも少なくないといいます。そもそも、モテなければこんな被害に遭わないのに、と考えることさえあるそうです。

そして、第三の原因はステレオタイプとのずれです。美人やハンサムはポジティブなステレオタイプがあるため、勝手に良いファーストインプレッションを相手に与えてしまいます。そのため、ちょっとミスをしたり、ちょっと不親切な態度をとったりしただけで「そんなやつだと思わなかった」といった評価を受けるというのです。それほど美人やハンサムでなければ、もともとあまり期待されないので、失望されることはありません。むしろ逆に、評価が上がることが多いのではないでしょうか。ところが、美人やハンサムはとくに何もしていないのに、勝手に期待されて、勝手に失望されるということが多いようです。

外見的魅力が高い人が「意外とモテない」と言う理由

一つ、とても意外なことがあります。それは外見的魅力の高い人の多くが「それほどモテるわけではない」と口をそろえて言う点です。しかし、実証的な研究はことごとくこの主観的な見解に反しています。この本でも第1章からずっと美人・ハンサムはモテるという研究を紹介してきました。

では、美人やハンサムの人のこの発言は誤りなのでしょうか。じつは一概にそうとはいえません。確かに、彼ら彼女らは注目の的です。クラスの多くの異性がその相手に引きつけられ、おそらく心理学の実験で彼ら彼女らの写真を呈示されれば「とても魅力的である」とか「ぜひつきあってみたい」とかの選択肢に○をつけるでしょう。

しかしながら、本当にアプローチされるかは別問題です。第9章で述べたように、長期的な交際を考えれば、やはり自分と釣り合った魅力度の人と交際するのが、コスト的には一番安くすむのです。相手が浮気するのを防ぐための余計なコストがかかってしまうからです。そして現実的に、心ではその美人やハンサムにあこがれを持っていても、実際にアプローチしにいかないということは十分考えられます。

このように考えると、じつは美人・ハンサムは恋愛において大変不利な状況に置かれます。容姿が普通であれば、自分と釣り合う人はクラスにも会社にも日常生活にもたくさんいますが、美人やハンサムであると釣り合う人の数は激減してしまうからです。

ちなみに美人度・ハンサム度も測定すると正規分布になることがわかっていますが、あなたが偏差値70～71クラスの美人（学力でいえば東大に入れるほどのレベル）だった場合、偏差値50～51クラスの美人（平均よりもほんのちょっとだけ美人）に比べて、理論上釣り合う人の数は8分の1以下になってしまいます。これが意外とアプローチされないという感覚の原因だと思われます。

「モテすぎて困る」ということの本当の意味

美人やハンサムはいま述べたような「意外とモテない」という話をすると同時に「いろんな人から言い寄られて困る」とか「ナンパされすぎて本当に迷惑」とかいう話をすることがあります。私も以前、かなりの美しい人と（残念ながら）仕事で、ある繁華街を歩いていたことがありますが、周りの男性の視線をものすごく感じましたし、なんと、たかだか20分くらいの間に、2人の男性が（私と歩いているにもかかわらず）その女性に声をかけてきました。彼女は軽くあしらっていましたが、「こんなのが日常だったら、さぞかし大変だろう」と思いました。

さて、「意外とモテない」と言っておきながら「モテすぎる」などと言うとは何事か、本当に贅沢なやつだ、と多くの一般人は思うのですが、実際には違うのです。「意外とモテない」というときの相手は長期的な配偶行動、つまり、自分と長期にわたって関係を継続したいと考え、妻や夫になりたいと思ってくれるような外見的にもバランスのとれた相手をさし、このような人からのアプローチは実際少ないのですが、短期的な性的関係やワンナイトラブ、浮気などのつもりでアプローチしてくる者はたくさんいるのです。

しかも、そういう者たちは容姿のバランスをあまり考えませんので、「あわよくば」性的関係を結べるかもと考える度胸だけある、さまざまな容姿の人が自分にアプローチしてくることになります。このような相手はたとえ一時的につきあったとしても、関係が継続する可能性はあまり高くありません。つまり、主観的には「長期的な関係を築き、自分のことを本当に愛してくれるようなバランスのとれた相手はさっぱり来ないのに、短期的なつきあいをしようとする有象無象《うぞうむぞう》の人々が自分に接近してくる」状態が作られるのです。

このように、美人であること、ハンサムであることも、必ずしも良いことばかりだとは限らないというのが現実のようです。

02

美人・ハンサムでなくても幸せな恋はできる

美人・ハンサムでないと恋愛不幸なのか

では、美人やハンサムでない、外見的魅力が普通かそれ以下の人々は、恋愛においてはやはりあまり良いことはないのでしょうか。本書で述べてきた各種の研究を見る限りでは、美人・ハンサムに比べて不利な立場に立たされることが多く、あまり幸せな思いはできないのだろうと考えてしまうかもしれません。

しかしながら、実際のところ、恋愛関係において容貌が決定的な要因にはならないというのも確かなのです。みなさんの周りでも、容貌が平均以下であってもモテている人はじつは少なくないのではないでしょうか。もし、外見的魅力が決定的に重要であれば、こんなことは起こらないはずです。ではいったいなぜ、彼ら彼女らはモテているのでしょうか？

恋愛のSVR理論

この問題を明らかにしたのはマースタイン（1977）です。彼は、恋愛過程全体を分析し、それが3つのフェイズに分けられることを示しました。第1フェイズは恋愛初期、出会いのフェイズです。じつはこの段階においては、外見的魅力はかなり大きな影響を与えます。美人である、ハンサムであるという理由だけでモテるのは、このフェイズです。このフェイズは表面的な情報が重要なので、マースタインはS（Stimulus：刺激）のフェイズと呼んでいます。本書の第1章で述べた、ウォルスターらの研究やその追試、そして本書で述べてきた研究のほとんどが、じつはこのフェイズに関するものです。

ところがその後には第2フェイズがやってきます。恋愛においてもっとも大切なのは、この第2フェイズです。ここでは、お互いに自己開示し合い、時間を共有して、親密さを深めていきます。このフェイズでは外見的な魅力の相対的な重要度は低下します。ここで重要になってくるのはお互いの価値観の一致といったことです。マースタインはこの時期をV（Value：価値観）のフェイズと呼んでいます。

たとえば、こういう状況を考えてみてください。あなたがものすごくハンサムな、あるいは美人な異性と知り合ったとします。あなたはその人にまさに一目惚れしてしまいました。ところが何回かデートをしてみると、自分と音楽の趣味もスポーツの趣味も、得意な科目も、人生の目標も、生き方もみんな異なっていたとします。性格もあまり合っているような気がしません。あなたはこの人と何回くらいデートを続けられるでしょうか。おそらく、2～3回くらいのデートでもう会いたくなくなってしまうのではないでしょうか。

一方で、外見はあまり好みではなく、どちらかというとあまり好きなタイプでなくても、デートしてみたら、自分と音楽の趣味もスポーツの趣味も同じで、得意な科目も、人生の目標も、生き方もみんな似ていたとします。性格も合っていて、相手と一緒のときにいままで感じたことのなかったような安らぎを感じたとします。あなたはこの人を「顔が好みでないから」という理由だけでデートするのをやめてしまうでしょうか？

つまり、恋愛においては、外見的な魅力が人気を左右する第1フェイズでは、容貌が悪いと不利なのは確かなのですが、第2フェイズになれば、性格や趣味、人生経験、社会的スキルなどによって容貌の悪さをリカバリーできる可能性が大きいのです。

もし、あなたが第1フェイズでモテたい、つまり、街中でナンパされまくりたいとか、初対面の多くの人から注目されたいと思っているならば、外見的魅力が低い場合にはやはり不利になります。しかし、恋愛の本質はやはり、第2フェイズなのですから、たとえ容貌が悪くてもそれは決定的に不利な条件にはならないわけです。

中学校のクラスで誰がモテたのかを考えてみてください。おそらく、4月にモテるのは外見がかっこいい男の子や、美しい女の子のはずです。しかし、夏休み前になると性格が良かったり、勉強ができたり、やさしかったり、もっと内面的な特徴が優れている人がモテてきたのではないでしょうか。そして、外見が良くても性格的に問題がある人が急激に人気を失っていくというのも目にしたことがあるのではないでしょうか。これがSとVの効果なのです。

ちなみにマースタインが挙げている第3フェイズはR（Role：役割）です。第3フェイズは交際から結婚に至る意思決定で重要になります。役割というのは、お互いが夫婦として長期間の関係性を築けるかということについての判断になります。もちろん、この段階でも、外見的魅力の相対的重要度は小さくなります。

親しくなると美人・ハンサムセンサーは鈍くなる

みなさんは街で美人やハンサムを見かけると、一瞬でその美しさを判断できると思います。このように、見ず知らず、初対面の人の外見的魅力を判断する能力に関しては、我々はかなりスゴイものを持っています。ウィリスとトドロフ（２００６）は、このような魅力判断は１００ミリ秒（10分の1秒）あれば十分であるということを示しています。

しかしながら、次に同じ基準で、身近な友人や家族がどれくらい魅力的なのか判断してみてください。この課題は、じつはそれほど容易ではないのではないでしょうか。

じつは、我々の優れた外見的魅力判断システムは、どうやら初対面の人にしか通用しないようなのです。普段から一緒にいる人に対しては、センサーの精度は鈍くなってしまうのです。また、第9章で挙げた単純接触効果の影響によって、おそらく魅力度が高い方向に判断のバイアスがずれる可能性があります。

これは、我々美人・ハンサムでない一般の人々にとってはとてもラッキーなことだといえるでしょう。つまり、身近な存在、具体的には、同じ会社、同じサークル、同じアルバイト、同じクラスなどの「同じ」グループのメンバーと、長いつきあいの中で恋愛が成立する場合には、第1フェイズにおける容貌のデメリットをスルーし、いきなり第2フェイズから勝負することができるのです。先の中学校の例でも、夏休み前頃にモテたのは顔よりも性格の良い子たちでした。

そして、興味深いことに、実に多くの人がこの方略を有効に使用して、恋を実らせているのです。みなさんもご両親や友人のカップルがどのようなきっかけでつきあい始めたのかを聞いてみてください。「同じ」グループにいたことがきっかけなのではないですか？

本書では美人・ハンサムの良い点について、もっぱら論じてきました。しかしこのようなことから、美人やハンサムでなくても十分幸せな恋をすることができるといえるわけです。

この章のまとめ

本章では、外見的魅力が高いことが、かならずしも良いことばかりではないという問題について検討してみました。一般には外見的魅力が高いことのメリットは非常に大きいように思われますが、美人やハンサムにはそれなりの、しかも切実な悩みがあることがわかりました。次に、外見的魅力が高くなかったり低かったりする場合には、本当に恋愛において不利になってしまうのかという問題について検討しました。その結果、恋愛のもっとも重要な第2フェイズにおいては外見的魅力の相対的な重要性は少なくなり、外見的魅力が優れていなくても十分に幸せな恋愛が可能であることが示されました。

Buss, D. M., & Shackelford, T. K. (1997). From vigilance to violence: mate retention tactics in married couples. *Journal of Personality and Social Psychology*, **72**, 346–361.

Snyder, M., Berscheid, E., & Glick, P. (1985). Focusing on the exterior and the interior: Two investigations of the initiation of personal relationships. *Journal of Personality and Social Psychology*, **48**, 1427–1439. **【表９-05】**

Zajonc, R. B. (1968). Attitudinal effects of mere exposure. *Journal of Personality and Social Psychology*, **9**, 1–27.

Payne, C., & Jaffe, K. (2005). Self seeks like: many humans choose their dog pets following rules used for assortative mating. *Journal of Ethology*, **23**, 15–18.

Roy, M. M., & Christenfeld, N. J. S. (2004). Do dogs resemble their owners? *Psychological Science*, **15**, 361–363.

Nakajima, S., Yamamoto, M., & Yoshimoto, N. (2009). Dogs look like their owners: Replications with racially homogenous owner portraits. *Anthrozoös*, **22**, 173–181.

木村美佐子・植月美希 (2012). 人形は作り手に似ている？　日本心理学会第 76 回大会発表論文集 , 730.

DeBruine, L. M. (2004). Facial resemblance increases the attractiveness of same-sex faces more than other-sex faces. *Proceedings of the Royal Society of London. Series B*, **271**, 2085–2090. **【図９-05】**

DeBruine, L. M. (2005). Trustworthy but not lust-worthy: context-specific effects of facial resemblance. *Proceedings of the Royal Society of London. Series B*, **272**, 919–922. **【図９-06】**

Zajonc, R. B., Adelmann, P. K., Murphy, S. T., & Niedenthal, P. M. (1987). Convergence in the physical appearance of spouses. *Motivation and Emotion*, **11**, 335–346. **【図９-07】**

Schafer, R. B., & Keith, P. M. (1990). Matching by weight in married couples: A life cycle perspective. *The Journal of Social Psychology*, **130**, 657–664.

第１０章　美人・ハンサムじゃなくても大丈夫！

Murstein, B. I. (1977). The stimulus-value-role theory of dyadic relationships. In S. Duck (Ed.), *Theory and practice in interpersonal attraction*. London: Academic Press.

Willis, J., & Todorov, A. (2006). First impressions: making up your mind after a 100-ms exposure to a face. *Psychological Science*, **17**, 592–598.

【図４-03】平均顔の例　協力者（順不同）
吹田光、吉永辰哉、古菅貴大、渡辺周平、黒澤友貴、福元勇人、小野拓哉、佐藤勇輝、立川経康、亀川勇太、喜入暁、越智啓太、久保田はる美、白川部舞、竹原美咲、大谷友希絵、平賀茉莉、市ノ渡麻衣、清水優、関谷尚子、稲見奈保子、服部祐果、金田絵莉、田代琴美

Individual Differences, **47**, 476–480.

Welling, L. L. M., Jones, B. C., & DeBruine, L. M. (2008). Sex drive is positively associated with women's preferences for sexual dimorphism in men's and women's faces. *Personality and Individual Differences*, **44**, 161–170.

Waynforth, D., Delwadia, S., & Camm, M. (2005). The influence of women's mating strategies on preference for masculine facial architecture. *Evolution and Human Behavior*, **26**, 409–416.

Penton-Voak, I. S., & Perrett, D. I. (2000). Female preference for male faces changes cyclically: Further evidence. *Evolution and Human Behavior*, **21**, 39–48. **【図８-05】**

Gangestad, S. W., Thornhill, R., & Garver, C. E. (2002). Changes in women's sexual interests and their partners' mate-retention tactics across the menstrual cycle: Evidence for shifting conflicts on interest. *Proceedings of the Royal Society of London. Series B*, **269**, 975–982.

Roberts, S. C., Havlicek, J., Flegr, J., Hruskova, M., Little, A. C., Jones, B. C., Perrett, D. I., & Petrie, M. (2004). Female facial attractiveness increases during the fertile phase of the menstrual cycle. *Proceedings of the Royal Society of London. Series B*, **271**, S270–S272. **【図８-06】**

Durante, K. M., Li, N. P., & Haselton, M. G. (2008). Changes in women's choice of dress across the ovulatory cycle: Naturalistic and laboratory task-based evidence. *Personality and Social Psychology Bulletin*, **34**, 1451–1460.

Miller, G., Tybur, J. M., & Jordan, B. D. (2007). Ovulatory cycle effects on tip earnings by lap dancers: economic evidence for human estrus? *Evolution and Human Behavior*, **28**, 375–381. **【図８-07】**

第９章　なぜ恋人同士は似ているのか

White, G. L. (1980). Physical attractiveness and courtship progress. *Journal of Personality and Social Psychology*, **39**, 660–668. **【表９-01】【表９-03】**

坂口　潤 (2011). 日本におけるカップル間の外見的魅力及び類似性の釣り合い　法政大学平成 23 年度卒業論文　**【表９-02】**

Walster, E., Aronson, V., Abrahams, D., & Rottman, L. (1966). Importance of physical attractiveness in dating behavior. *Journal of Personality and Social Psychology*, **4**, 508–516. **【図９-01】【図９-02】【図９-03】**

Kalick, S. M., & Hamilton III, T. E. (1986). The matching hypothesis reexamined. *Journal of Personality and Social Psychology*, **51**, 673–682.

Shanteau, J., & Nagy, G. F. (1979). Probability of acceptance in dating choice. *Journal of Personality and Social Psychology*, **37**, 522–533. **【図９-04】**

Folkes, V. S. (1982). Forming relationships and the matching hypothesis. *Personality and Social Psychology Bulletin*, **8**, 631–636. **【表９-04】**

Buss, D. M., & Shackelford, T. K. (1997). From vigilance to violence: mate retention tactics in married couples. *Journal of Personality and Social Psychology*, **72**, 346–361.

Buss, D. M., Larsen, R. J., Westen, D., & Semmelroth, J. (1992). Sex differences in jealousy: evolution, physiology, and psychology. *Psychological Science*, **3**, 251–255.

Buss, D. M. (1989). Sex differences in human mate preferences: Evolutionary hypotheses tested in 37 cultures. *Behavioral and Brain Sciences*, **12**, 1–49.

第8章　マッチョで男らしい男がモテる条件

Cox, A., & Fisher, M. (2009). The Texas billionaire's pregnant bride: An evolutionary interpretation of romance fiction titles. *Journal of Social, Evolutionary, and Cultural Psychology*, **3**, 386–401.【表8-01】

Guéguen, N. (2009). Man's uniform and receptivity of women to courtship request: Three field experiments with firefighter's uniform. *European Journal of Social Sciences*, **12**, 235–240.【表8-02】

Dixson, A. F., Halliwell, G., East, R., Wignarajah, P., & Anderson, M. J. (2003). Masculine somatotype and hirsuteness as determinants of sexual attractiveness to women. *Archives of Sexual Behavior*, **32**, 29–39.

Buunk, B. P., & Dijkstra, P. (2005). A narrow waist versus broad shoulders: Sex and age differences in the jealousy-evoking characteristics of a rival's body build. *Personality and Individual Differences*, **39**, 379–389.

Singh, D. (1995). Female judgment of male attractiveness and desirability for relationships: Role of waist-to-hip ratio and financial status. *Journal of Personality and Social Psychology*, **69**, 1089–1101.

Henss, R. (1995). Waist-to-hip ratio and attractiveness. Replication and extension. *Personality and Individual Differences*, **19**, 479–488.【図8-01】

Perrett, D. I., Lee, k. J., Penton-Voak, I., Rowland, D., Yoshikawa, S., Burt, D. M., Henzi, S. P., Castles, D. L., & Akamatsu, S. (1998). Effects of sexual dimorphism on facial attractiveness. *Nature*, **394**, 884–887.【図8-02】【図8-03】

Frederick, D. A., Fessler, D. M. T., & Haselton, M. G. (2005). Do representations of male muscularity differ in men's and women's magazines? *Body Image*, **2**, 81–86.【表8-03】

Little, A. C., Burt, D. M., Penton-Voak, I. S., & Perrett, D. I. (2001). Self-perceived attractiveness influences human female preferences for sexual dimorphism and symmetry in male faces. *Proceedings of the Royal Society of London. Series B*, **268**, 39–44.【図8-04】

Smith, F. G., Jones, B. C., Welling, L. L. W., Little, A. C., Vukovic, J., Main, J. C., & DeBruine, L. M. (2009). Waist-hip ratio predicts women's preferences for masculine male faces, but not perceptions of men's trustworthiness. *Personality and*

Guéguen, N. (2007). Women's bust size and men's courtship solicitation. *Body Image*, **4**, 386–390.【表6-02】

Voracek, M., & Fisher, M. L. (2006). Success is all in the measures: androgenousness, curvaceousness, and starring frequencies in adult media actresses. *Archives of Sexual Behavior*, **35**, 297–304.

Miller, G. (2000). *The mating mind: How sexual choice shaped the evolution of human nature*. New York: Doubleday.

Manning, J. T., Scutt, D., Whitehouse, G. H., & Leinster, S. J. (1997). Breast asymmetry and phenotypic quality in women. *Evolution and Human Behavior*, **18**, 223–236.

Singh, D. (1995). Female health, attractiveness, and desirability for relationships: Role of breast asymmetry and waist-to-hip ratio. *Ethology and Sociobiology*, **16**, 465–481.

Dixson, B. J., Grimshaw, G. M., Linklater, W. L., & Dixson, A. F. (2011). Eye-tracking of men's preferences for waist-to-hip ratio and breast size of women. *Archives of Sex Behavior*, **40**, 43–50.

Anderson, M. (1982). Female choice selects for extreme tail length in a widowbird. *Nature*, **299**, 818–820.

第7章　魅力ある男性とは何か

Dawkins, R. (1976). *The selfish gene*. Oxford: Oxford University Press.（ドーキンス , R. 日高敏隆・岸　由二・羽田節子・垂水雄二（訳）(2006).　利己的な遺伝子　増補改訂版　紀伊國屋書店）

Clark, R. D., & Hatfield, E. (1989). Gender differences in receptivity to sexual offers. *Journal of Psychology and Human Sexuality*, **2**, 39–55.【表7-01】

Buss, D., & Schmitt, D. (1993). Sexual strategies theory : an evolutionary perspective on human mating. *Psychological Review*, **100**, 204–232.

松井　豊 (1990). 青年の恋愛行動の構造　心理学評論 , **33**, 355–370.

Townsend, J. M., & Levy, G. D. (1990). Effects of potential partners' costume and physical attractiveness on sexuality and partner selection. *The Journal of Psychology*, **124**, 371–389.

Dunn, M. J., & Searle, R. (2010). Effect of manipulated prestige-car ownership on both sex attractiveness ratings. *British Journal of Psychology*, **101**, 69–80.【図7-01】

Janssens, K., Pandelaere, M., Van den Bergh, B., Millet, K., Lens, I., & Roe, K. (2011). Can buy me love: Mate attraction goals lead to perceptual readiness for status products. *Journal of Experimental Social Psychology*, **47**, 254–258.【図7-02】

Greenlees, I. A., & McGrew, W. C. (1994). Sex and age differences in preferences and tactics of mate attraction: Analysis of published advertisements. *Ethology and Sociobiology*, **15**, 59–72.【図7-03】

Marlowe, F., Apicella, C., & Reed, D. (2005). Men's preferences for women's profile waist-to-hip ratio in two societies. *Evolution and Human Behavior*, **26**, 458–468. **【図 6-06】**

Barash, D. P., & Lipton, J. E. (2009). *How women got their curves and other just-so stories: evolutionary enigmas.* New York: Columbia University Press.

Gallup, G. G. Jr. (1982). Permanent breast enlargement in human females: A sociobiological analysis. *Journal of Human Evolution*, **11**, 597–601.

長谷川寿一・長谷川眞理子 (2000). 進化と人間行動　東京大学出版会

Etcoff, N. (1999). *Survival of the prettiest: The science of beauty*. New York: Doubleday.

Lassek, W. D., & Gaulin, S. J. C. (2008). Waist-hip ratio and cognitive ability: is gluteofemoral fat a privileged store of neurodevelopmental resources? *Evolution and Human Behavior*, **29**, 26–34. **【図 6-04】**

Furnham, A., & Reeves, E. (2006). The relative influence of facial neoteny and waist-to-hip ratio on judgements of female attractiveness and fecundity. Psychology, *Health & Medicine*, **11**, 129–141. **【図 6-05】**

Westman, A., & Marlowe, F. (1999). How universal are preferences for female waist-to-hip ratios? Evidence from the Hadza of Tanzania. *Evolution and Human Behavior*, **20**, 219–228.

Yu, D. W., & Shepard, G. H. Jr. (1998). Is beauty in the eye of the beholder? *Nature*, **396**, 321–322.

Sugiyama, L. S. (2004). Is beauty in the context-sensitive adaptations of the beholder?: Shiwiar use of waist-to-hip ratio in assessments of female mate value. *Evolution and Human Behavior*, **25**, 51–62.

Karremans, J. C., Frankenhuis, W. E., & Arons, S. (2010). Blind men prefer a low waist-to-hip ratio. *Evolution and Human Behavior*, **31**, 182–186. **【図 6-07】**

Tovée, M. J., Reinhardt, S., Emery, J. L., & Cornelissen, P. L. (1998). Optimum body-mass index and maximum sexual attractiveness. *The Lancet*, **352**, 548. **【図 6-08】**

Singh, D., Dixson, B. J., Jessop, T. S., Morgan, B., & Dixson, A. F. (2010). Cross-cultural consensus for waist-hip ratio and women's attractiveness. *Evolution and Human Behavior*, **31**, 176–181.

Henss, R. (1995). Waist-to-hip ratio and attractiveness. Replication and extension. *Personality and Individual Differences*, **19**, 479–488.

Ogas, O., & Gaddam, S. (2011). *A billion wicked thoughts: What the world's largest experiment reveals about human desire*. New York: Dutton.

Lynn, M. (2009). Determinants and consequences of female attractiveness and sexiness: realistic tests with restaurant waitresses. *Archives Sexual Behavior*, **38**, 737–745.

125–140.

Guéguen, N. (2008). The effect of a woman's smile on men's courtship behavior. *Social Behavior and Personality*, **36**, 1233–1236.

Guéguen, N., & Fischer-Lokou, J. (2004). Hitchhiker's smiles and receipt of help. *Psychological Reports*, **94**, 756–760. **【表 5-01】**

Tidd, K. L., & Lockard, J. S. (1978). Monetary significance of the affiliative smile: A case for reciprocal altruism. *Bulletin of the Psychonomic Society*, **11**, 344–346.

Mignault, A., & Chaudhuri, A. (2003). The many faces of a neutral face: Head tilt and perception of dominance and emotion. *Journal of Nonverbal Behavior*, **27**, 111–132.

Darwin, C. R. (1859). *On the origin of species*. London: John Murray. (ダーウィン, C. R. 渡辺政隆 (訳) (2009). 種の起源　上・下　光文社)

Jones, D. (1995). Sexual selection, physical attractiveness, and facial neoteny: Cross-cultural evidence and implications. *Current Anthropology*, **36**, 723–748. **【図 5-03】**

Cunningham, M. R., Barbee, A. P., & Pike, C. L. (1990). What do women want? Facialmetric assessment of multiple motives in the perception of male facial physical attractiveness. *Journal of Personality and Social Psychology*, **59**, 61–72.

Muller, M. N., Thompson, M. E., & Wrangham, R. W. (2006). Male chimpanzees prefer mating with old females. *Current Biology*, **16**, 2234–2238.

長谷川寿一・長谷川眞理子 (2000). 進化と人間行動　東京大学出版会

Shaw, W. C. (1988). Social aspects of dentofacial anomalies. In T. R. Alley (Ed.), *Social and applied aspects of perceiving faces*. Hillsdale, NJ: Lawrence Erlbaum Associates.

第6章　魅力的なからだとは何か

Singh, D. (1993). Adaptive significance of female physical attractiveness: role of waist-to-hip ratio. *Journal of Personality and Social Psychology*, **65**, 293–307. **【図 6-01】【図 6-02】**

Henss, R. (2000). Waist-to-hip ratio and female attractiveness. Evidence from photographic stimuli and methodological considerations. *Personality and Individual Difference*, **28**, 501–513.

Singh, D. (2002). Female mate value at a glance: relationship of waist-to-hip ratio to health, fecundity and attractiveness. *Neuroendocrinology Letters*, **23**, 81–91.

Schützwohl, A. (2006). Judging female figures: A new methodological approach to male attractiveness judgments of waist-to-hip ratio. *Biological Psychology*, **71**, 223–229. **【図 6-03】**

Zaadstra, B. M., Seidell, J. C., Van Noord, P. A. H., te Velde, E. R., Habbema, J. D. F., Vrieswijk, B., & Karbaat, J. (1993). Fat and female fecundity: prospective study of effect of body fat distribution on conception rates. *British Medical Journal*, **306**, 484–487.

Gangestad, S. W., Thornhill, R., & Yeo, R. A. (1994). Facial attractiveness, developmental stability, and fluctuating asymmetry. *Ethology and Sociobiology*, **15**, 73–85.

Little, A. C., Apicella, C. L., & Marlowe, F. W. (2007). Preferences for symmetry in human faces in two cultures: data from the UK and the Hadza, an isolated group of hunter-gatherers. *Proceedings of the Royal Society of London. Series B*, **274**, 3113–3117.

Cárdenas, R. A., & Harris, L. J. (2006). Symmetrical decorations enhance the attractiveness of faces and abstract designs. *Evolution and Human Behavior*, **27**, 1–18.

Scheib, J. E., Gangestad, S. W., & Thornhill, R. (1999). Facial attractiveness, symmetry and cues of good genes. *Proceedings of the Royal Society of of London. Series B*, **266**, 1913–1917.

Rhodes, G., Zebrowitz, L. A., Clark, A., Kalick, S. M., Hightower, A., & McKay, R. (2001). Do facial averageness and symmetry signal health? *Evolution and Human Behavior*, **22**, 31–46.

Little, A. C., & Jones, B. C. (2003). Evidence against perceptual bias views for symmetry preferences in human faces. *Proceedings of the Royal Society of London. Series B*, **270**, 1759–1763. **【図4-05】**

Roberts, S. C., & Little, A. C. (2008). Good genes, complementary genes and human mate preferences. *Genetica*, **132**, 309–321.

Little, A. C., & Hancock, P. J. B. (2002). The role of masculinity and distinctiveness in judgments of human male facial attractiveness. *British Journal of Psychology*, **93**, 451–464. **【図4-06】**

Fink, B., Grammer, K., & Thornhill, R. (2001). Human (Homo sapiens) facial attractiveness in relation to skin texture and color. *Journal of Comparative Psychology*, **115**, 92–99.

第5章　スーパー平均顔よりも美人な顔とは

Cunningham, M. R. (1986). Measuring the physical in physical attractiveness: Quasi-experiments on the sociobiology of female facial beauty. *Journal of Personality and Social Psychology*, **50**, 925–935.

Sforza, C., Laino, A., D'Alessio, R., Grandi, G., Binelli, M., & Ferrario, V. F. (2009). Soft-tissue facial characteristics of attractive Italian women as compared to normal women. *The Angle Orthodontist*, **January**, **79**, 17–23.

蜂川　立 (1993).　第３章　顔の魅力と進化　吉川左紀子・益谷　真・中村　真 (編)　顔と心―顔の心理学入門　サイエンス社　図 3.3 **【図5-02】**

Rhodes, G., Hickford, C., & Jeffery, L. (2000). Sex-typicality and attractiveness: Are supermale and superfemale faces super-attractive? *British Journal of Psychology*, **91**,

Guéguen, N., & Lamy, L. (2009). Hitchhiking women's hair color. *Perceptual and Motor Skills*, **109**, 941–948.【表３-03】

Lynn, M. (2009). Determinants and consequences of female attractiveness and sexiness: realistic tests with restaurant waitresses. *Archives Sexual Behavior*, **38**, 737–745.

Guéguen, N. (2007). Bust size and hitchhiking: A field study. *Perceptual and Motor Skills*, **105**, 1294–1298.【表３-04】

Kleinke, C. L., & Staneski, R. A. (1980). First impressions of female bust size. *The Journal of Social Psychology*, **110**, 123–134.

Tantleff-Dunn, S. (2002). Biggest isn't always best: The effect of breast size on perceptions of women. *Journal of Applied Social Psychology*, **32**, 2253–2265.【図３-03】

Berscheid, E., & Walster, E. (1974). Physical attractiveness. *Advances in Experimental Social Psychology*, **7**, 157–215.

Sparacino, J., & Hansell, S. (1979). Physical attractiveness and academic performance: Beauty is not always talent. *Journal of Personality*, **47**, 449–469.

Jackson, L. A., Hunter, J. E., & Hodge, C. N. (1995). Physical attractiveness and intellectual competence: A meta-analytic review. *Social Psychology Quarterly*, **58**, 108–122.

Kanazawa, S. (2011). Intelligence and physical attractiveness. *Intelligence*, **39**, 7–14.

Williams, K. M., Park, J. H., & Wieling, M. B. (2010). The face reveals athletic flair: Better National Football League quarterbacks are better looking. *Personality and Individual Differences*, **48**, 112–116.

Prokosch, M. D., Yeo, R. A., & Miller, G. F. (2005). Intelligence tests with higher g-loadings show higher correlations with body symmetry: Evidence for a general fitness factor mediated by developmental stability. *Intelligence*, **33**, 203–213.

第４章　美人・ハンサムとは何か

Galton, F. (1879). Composite portraits. made by combining those of many different persons into a single resultant figure. *The Journal of the Anthropological Institute of Great Britain and Ireland*, **8**, 132–144.

Langlois, J. H., & Roggman, L. A. (1990). Attractive faces are only average. *Psychological Science*, **1**, 115–121.【図４-01】

Rhodes, G., Harwood, K., Yoshikawa, S., Nishitani, M., & McLean, I. (2002). The attractiveness of average faces: Cross-cultural evidence and possible biological basis. In G. Rhodes, & L. A. Zebrowitz (Eds.), *Facial attractiveness: Evolutionary, cognitive, and social perspectives*. Westport, CT: Ablex Publishing.【図４-02】

Rhodes, G., Proffitt, F., Grady, J. M., & Sumich, A. (1998). Facial symmetry and the perception of beauty. *Psychonomic Bulletin & Review*, **5**, 659–669.【図４-04】

men and women. *Psychological Reports*, **54**, 47–56.

森　剛志・小林淑恵 (2008). 日本のお金持ち妻研究　東洋経済新報社

第３章　美人は頭が良いのか悪いのか

Clifford, M. M., & Walster, E. (1973). The effect of physical attractiveness on teacher expectation. *Sociology of Education*, **46**, 248–258.【表３-01】

Rosenthal, R., & Jacobson, L. (1968). Pygmalion in the classroom. *The Urban Review*, **3**, 16–20.

Landy, D., & Sigall, H. (1974). Beauty is talent: Task evaluation as a function of the performer's physical attractiveness. *Journal of Personality and Social Psychology*, **29**, 299–304.【図３-01】

Kaplan, R. M. (1978). Is beauty talent? Sex interaction in the attractiveness halo effect. *Sex Roles*, **4**, 195–204.【表３-02】

Bull, R., & Stevens, J. (1979). The effects of attractiveness of writer and penmanship on essay grades. *Journal of Occupational Psychology*, **52**, 53–59.

Wapnick, J., Darrow, A. A., Kovacs, J., & Dalrymple, L. (1997). Effects of physical attractiveness on evaluation of vocal performance. *Journal of Research in Music Education*, **45**, 470–479.

Wapnick, J., Mazza, J. K., & Darrow, A. A. (1998). Effects of performer attractiveness, stage behavior, and dress on violin performance evaluation. *Journal of Research in Music Education*, **46**, 510–521.

Wapnick, J., Mazza, J. K., & Darrow, A. A. (2000). Effects of performer attractiveness, stage behavior, and dress on evaluation of children's piano performances. *Journal of Research in Music Education*, **48**, 323–335.

North, A. C., & Hargreaves, D. J. (1997). The effect of physical attractiveness on responses to pop music performers and their music. *Empirical Studies of the Arts*, **15**, 75–89.

Ryan, C., & Costa-Giomi, E. (2004). Attractiveness bias in the evaluation of young pianists' performances. *Journal of Research in Music Education*, **52**, 141–154.【図３-02】

Lombardi, J., & Tocci, M. (1979). Attribution of positive and negative characteristics of instructors as a function of attractiveness and sex of instructor and sex of subject. *Perceptual and Motor Skills*, **48**, 491–494.

Riniolo, T. C., Johnson, K. C., Sherman, T. R., & Misso, J. A. (2006). Hot or not: Do professors perceived as physically attractive receive higher student evaluations? *The Journal of General Psychology*, **133**, 19–35.

Rich, M. K., & Cash, T. F. (1993). The American image of beauty: Media representations of hair color for four decades. *Sex Roles*, **29**, 113–124.

●引用文献

第１章　恋愛において外見はどのくらい重要なのか

Walster, E., Aronson, V., Abrahams, D., & Rottman, L. (1966). Importance of physical attractiveness in dating behavior. *Journal of Personality and Social Psychology*, **4**, 508–516.【表１-01】

Brislin, R. W., & Lewis, S. A. (1968). Dating and physical attractiveness: Replication. *Psychological Reports*, **22**, 976.

Byrne, D., Ervin, C. R., & Lamberth, J. (1970). Continuity between the experimental study of attraction and real-life computer dating. *Journal of Personality and Social Psychology*, **16**, 157–165.【表１-02】

Mathes, E. W. (1975). The effects of physical attractiveness and anxiety on heterosexual attraction over a series of five encounters. *Journal of Marriage and the family*, **37**, 769–773.【表１-03】

松井　豊・山本真理子 (1985). 異性交際の対象選択に及ぼす外見的印象と自己評価の影響　社会心理学研究 , **1**, 9–14.

第２章　美人は性格が良いのか悪いのか

Mills, J., & Aronson, E. (1965). Opinion change as a function of the communicator's attractiveness and desire to influence. *Journal of Personality and Social Psychology*, **1**, 173–177.

Ikegami, T. (1989). The organizing process of information and the role of affect in person memory. *Japanese Psychological Research*, **31**, 69–79.【図２-01】【図２-02】

井上章一 (1991). 美人論　リブロポート

蔵　琢也 (1993). 美しさをめぐる進化論—容貌の社会生物学　勁草書房

Sigall, H., & Ostrove, N. (1975). Beautiful but dangerous: Effects of offender attractiveness and nature of the crime on juridic judgement. *Journal of Personality and Social Psychology*, **31**, 410–414.

Johnson, S. K., Podratz, K. E., Dipboye, R. L., & Gibbons, E. (2010). Physical attractiveness biases in ratings of employment suitability: Tracking down the "Beauty is Beastly" Effect. *The Journal of Social Psychology*, **150**, 301–318.

深尾　韶 (1907). 家庭雑誌　由分社

Feingold, A. (1992). Good-looking people are not what we think. *Psychological Bulletin*, **111**, 304–341.

Elder, G. H. Jr. (1969). Appearance and education in marriage mobility. *American Sociological Review*, **34**, 519–533.

Udry, J. R., & Eckland, B. K. (1984). Benefits of being attractive: Differential payoffs for

終わりに

本書では、外見的魅力をめぐるさまざまな問題についての研究を見てきました。人の見かけという問題について、こんなにも多くの研究がなされ、こんなにも多くの理論が作られていることを意外に思った方も多いと思います。また、丁寧に本書を読んでくださった方は、ここ10年くらいでわかってきたことがとても多いということに気づいたと思います。外見をめぐる問題は、まさに現在積極的に研究されているホットなテーマなのです。

心理学は「人間のあるべき姿」を明らかにする学問ではなく、「実際にどうなっているのか」を明らかにする学問なので、研究の結果としては、あまりにも情けないものが少なくなかったと思います。「バストが大きいほど、ヒッチハイクが成功する」などの事実を突きつけられると、女性だけでなく男性もげんなりしてしまうのではないでしょうか。

それでも、飾らないありのままの人間の行動を明らかにすることは、人間の本質を明らかにし、また人々の生活や人生を良くしていくためにはとても重要なことだと、私をはじめ、心理学者の多くは考えています。たとえそれが、人間の情けなく残念な側面を浮き彫りにするものであったとしても、です。

本書の執筆には、多くの方の協力を得ました。とくに私の研究室で外見的魅力について研究している喜入暁くんには、草稿に対して有益なコメントをいただいたり、神楽坂の飲み屋で連日深夜までディスカッションにつきあってもらったりして大変お世話になりました。この本は彼との共著といっても過言ではありません。他にも、私の研究室の博士課程の甲斐恵利奈さんには、執筆活動全般において有益なコメントをいただき、また、統計関係のコラムをまとめていただきました。そのほか、ゼミ生・元ゼミ生の佐山七生さん、山下涼くん、坂口潤くんにも協力していただきました。みなさん、本当にありがとうございました。

本書の企画を実務教育出版の津川純子さんからいただいたのはもう1年以上前のことになってしまいました。ちょうどこの時期多くの仕事が重なり、最終的な完成までは予定よりもずいぶん時間がかかってしまいました。この間津川さんや実務教育出版の方々には大変ご迷惑をおかけいたしました。深く感謝申し上げたいと思います。

２０１３年６月　　**越智啓太**

著者紹介

越智啓太（おち・けいた）

法政大学文学部心理学科教授。

横浜市生まれ。学習院大学大学院人文科学研究科心理学専攻修了。警視庁科学捜査研究所研究員などを経て現職。臨床心理士。

専門はプロファイリング、虚偽検出など犯罪捜査への心理学の応用。現在は主にデートバイオレンス、デートハラスメントと恋愛行動との関連やストーカーの危険性推定などについて研究している。

著書は『犯罪捜査の心理学』『つくられる偽りの記憶』（以上、化学同人）、『ケースで学ぶ犯罪心理学』（北大路書房）、『Progress & Application 犯罪心理学』（サイエンス社）、『ワードマップ 犯罪捜査の心理学』（新曜社）、『恋愛の科学』（実務教育出版）、『心理学の「現在」がわかるブックガイド』（実務教育出版、共著）、『法と心理学の事典』（朝倉書店、編著）、『心理学ビジュアル百科』（創元社、編著）など、入門書から専門書まで多数。

テレビ・映画等メディアでも、犯罪心理学や社会心理学の観点から多くの人気ドラマ監修、コメント出演を行う。

趣味は世界各地を放浪すること（写真はペルーのマチュピチュにて撮影）。

美人の正体
外見的魅力をめぐる心理学

2013年９月10日　初版第１刷発行
2021年10月５日　初版第５刷発行

著　者　越智啓太
発行者　小山隆之
発行所　株式会社 実務教育出版
163-8671　東京都新宿区新宿1-1-12
電話　03-3355-1812（編集）　03-3355-1951（販売）
振替　00160-0-78270

印刷／精興社　　製本／東京美術紙工

ISBN978-4-7889-1484-1　C0011